自動車保険金は出ないのがフツー

加茂隆康

178

この時、対象にどのような距離と角度をもって対するかという戦略と戦術が「角度」である。

石川九楊・加藤堆繋『書家１０１』（新書館）より

プロローグ　6

第1章　「不払い」こそわがポリシー　11

跳びはねるタイヤ／予想だにしないA損保の回答／工学鑑定による立証／訴訟でのA損保担当者の証言／一審の全面勝訴から控訴審へ／高裁での和解／盗難事故／N損保の回答／法廷での攻防／遅延損害金までケチる／バイク転倒／支払不能通知／治療費の支払いストップ／接骨院を冷遇しようとする損保／「中止」の診断の悪用／会社役員の休業損害／商売上の秘密情報を開示せよ／泣き寝入りを待っている／自賠責・後遺障害保険金／被害者のヴィジョン

第2章　極秘社内指令　保険金は出すな、泣き寝入りさせろ　59

秘書応募者の語る損保の体質／保険の自由化がもたらした出し渋り／懲りない不払い／だまる被害者・うるさい被害者／太っ腹な課長・小心な課長／損保側弁護士のがむしゃらさ／若手とベテラン／損保側弁護士のとる究極の一

手／被害者の苦情を封じようとする作戦／ときには被害者の言動が不払いを招く／治療の引き延ばし／新車を買って返せ／恐い目に遭ったサングラス

第3章　どこまでは出て、どこを超えると出ないのか　83

むち打ちは一か月、三か月、六か月が目安／同意書にもとづく医療調査／主婦の休業損害は一日一万円弱が当然／入通院(傷害)慰謝料の正当な基準／自賠責保険金の限度額を定番とする損保の悪辣さ／示談後の来訪／はめられた!／評価損も出ないのがフツー／物として扱われるペット／出る保険金もある／保険金が払われない場合をチェック

第4章　きちんと出させるには「出るとこへ出る」　111

力の差を知る／戦略の差／圧倒的な経済力の差／弁護士のみつけ方／専門外の弁護士／なぜ交通弁護士は少ないか／損保側弁護士と地方の問題／地方の被害者の疑心暗鬼／敵に塩を送る／内部規定で払わない弁護士費用／弁護士をつけると損保の態度が変わる／出るとこへ出る／交通事故紛争処理センター／日弁連交通事故相談センター／慰謝料を弁護士会基準より値引きしがちな日弁連の自己矛盾／紛セと日弁連とどっちが得か／民事調停はご近所のご隠居的／やみくもに調停を申し立てる損保側弁護士

第5章　もっともっと徹底的に出させる超絶訴訟戦略　143
弁護士の選択／自賠責保険金を先取りするかしないか／年五％の遅延損害金の付加／和解における「調整金」／被害者の経済状態が決定要因／自賠責への時効中断／加害者が悪質な場合の慰謝料の増額／兄弟姉妹の慰謝料／逸失利益の考え方／県立高校の教師のケース／主夫の逸失利益／女子年少者の逸失利益／顔の傷の男女差別／男は顔の傷の一つや二つでガタガタ言うな／顔の傷は減収をもたらすか／損保側医師による意見書／被害者のとる次への的確な一手／国税調査官並みの税理士の調査／ビデオ撮影の技術／同一の車を使っての実験映像／ナレーションを練る／夜の現場撮影／反論を封じるDVD／和解か判決か／和解決裂から判決へ／金額に差がでる和解と判決／和解するメリットは何か／注意すべき既払金の計算／損保の都合で和解を先送りする場合の「調整金」

第6章　落とし所を知れ、あるいは弁護の品格　197
因果な商売／退くときは退く／落とし所を知れ／類は友を呼ぶ／損保側弁護士の報酬のからくり／司法研修所を出てホームレス／初回の提示五八〇万円、二回目ゼロ回答／K弁護士からの丁重な謝罪／重傷事故では訴訟まで視野に入れる／立証責任五分五分論／闘わずして勝つ

エピローグ　223

プロローグ

ミステリー作家ジョン・グリシャムの映画化もされた小説『ザ・レインメーカー』(邦題『原告側弁護人』白石朗訳　新潮社)に、次のような一節があります。

急性骨髄性白血病に侵され、死に向かって日に日に衰弱していく青年が、生命保険会社に保険金を請求します。保険会社は支払いを拒否しました。

裁判で証人として喚問された査定担当の女性はこう証言します。

「会社の方針に従い、**年はすべての案件について、一律に保険金の支払いを拒否することにしたのです。ひとつ残らずです。理由のあるなしにかかわらず」

契約者は当然、クレームを伝えます。その結果、正当に思える少額のケースは審査することにしますが、少額ではないケースは、弁護士が介入してこない限り支払いを拒みつづけます。こうして、保険金の支払いを大幅に減らすことができたと語ります。

これは、フィクションの中での生保のあるスタンスを表現したものですが、日本の損保にもあてはまる話です。

自動車保険におきかえてみましょう。

交通事故が起きたなら、保険金は出る。当然出なければおかしい。いざというときのために入った保険なんだから。あなたはそう考えていませんか。

実際はちがいます。保険金は出ません。正確にいうなら、一銭も出ないとは言わないが、満足するような保険金は出ないのが普通です。

なぜか。

こたえは簡単。出したくないからです。損保は、保険金の支出を「ロス（損失）」と呼んでいます。損保は営利事業ですから、損失は招きたくない。それが出し渋りをする理由です。

弁護士活動をしている中で、最近、特に感じるのは、自動車保険における損保の不払い、支払遅延が目に余るという現実です。二〇〇八年秋の、リーマン・ショックによる金融危機以降、不払いはよりひどくなった感じがします。事故の被害者からすれば、当然支払われるべき保険金が全く支払われなかったり、途中で一方的に打ち切られたりするため、賠償問題がこじれ、紛糾するケースが後を絶ちません。
その根底には、「自動車保険金は出るのが当然だ」と考えている被害者と、「保険金は出さない（払わなければいけないことは十分分かっていても、それでも出さない）」を内々の基本的なポリシーとする損保との間に、意識上の大きな乖離があるからです。
この本では、
第1章で、保険会社の出し渋り、支払い拒絶の実態を知っていただき、
第2章では、保険会社の出し渋りの原因と心理を探ります。
第3章では、どこまでは出て、どこを超えると出ないのか、その分水嶺について解説します。
第4、5章では、保険金を出させる方法と訴訟戦術を、
第6章では、損保側弁護士の現実と今後の損保への対処についてみていきます。
いま現に、損保との交渉に苦しめられている方は、ご自分に必要な章のみをお読みいただいても分かるようになっています。
私のオフィスには、毎月、沢山の相談者がおみえになります。ホームページを見てアクセスしてこられる方の大部分は、インターネット上で交通賠償に関する基本的な情報を入

手しておられます。そういう方々に共通している弱点があります。

それは、慰謝料とか逸失利益とか、個々の情報が集積はされているものの、それらが全体として統合され、関連づけられていないということです。損保の真意もつかみかねるために、今後どう動いてよいか分からず、損保の提示案が正当なのかどうか、戸惑っておられます。

この本は、インターネットなどでなんとなくつかんでいる知識を統合し、今後の水先案内をしようと試みたものです。

第1章

「不払い」こそわがポリシー

交通事故が起きますと、当事者は警察に通報するだけでなく、損保にも事故の報告をします。この報告を受けることによって、自動車保険金の支払いがスタートします。

物損事故であれば、車の損害をカバーする車両保険金や対物賠償保険金が対象になります。人身事故ですと、治療費や休業損害、慰謝料などを補塡する対人賠償保険金や搭乗者傷害保険金が思い浮かびます。

事故の発生から初期の支払い、賠償金の交渉へと進みますが、この過程で、被害者は胃が痛くなるようなトラブルに見舞われます。それは、保険金がすんなりとは払われないからです。

損保はどのくらい払わないのか、どんな理屈をつけて支払いを拒むのか。

まずその実例からお話ししましょう。

跳びはねるタイヤ

男性の立原さん（仮名、以下同様）が、自家用車のベンツで成田空港から東関東自動車道を都心に向かって走っていました。追い越し車線（第一車線）を走行していましたから、時速一〇〇キロメートル以上のスピードが出ています。すると、先行していた乗用車が、ウィンカーも出さず、突然、左側に車線変更しました。

「なんだよあの車は」

と思ったのも束の間、真正面からタイヤが一輪、水平よりやや傾いた状態でバウンドしながらこちらに跳んでくるではありませんか。

「危ない!」と思ったものの、左側車線にはすぐ後ろをトラックが走っています。このため、回避措置をとることができず、避ける間もなく、自車の正面にタイヤが衝突しました。跳んでくるタイヤを見てから、ほんの一、二秒のできごとでした。先行車が急にハンドルを切ったのは、きっとこのタイヤをとっさに避けようとしたのです。

衝突により、ベンツの右前輪がパンクし、彼は路側帯に車を停めました。すると同じ場所に白いワンボックスカーが一台停止していて、車の後ろで二人の男が車底部をのぞき込んでいます。

タイヤを落としたのはこの車ではないか。

そう感じた彼は、のぞき込んでいる人物に、タイヤがぶつかったことを説明しました。

「スペアタイヤがはずれたようだ」

相手の一人の男は言います。

「タイヤがパンクしたんですよ。このままじゃ走れない」

彼がそう言うと、二人の男は、立原さんのトランクに積んでいたスペアタイヤを一緒にとり出し、タイヤ交換を手伝ってくれました。

ところが、ワンボックスカーの男たちは、そのまま氏名も告げず立ち去ってしまいました。当て逃げです。

立原さんのベンツには、ニューヨークに本店を持つアメリカ系のA損保に、五〇〇万円を限度額とする車両保険がついていました。車両保険とは、自分の車が他の「物」との衝突などによって損傷した場合に、その損害（修理費など）を補塡する保険です。

立原さんは、修理工場から修理費の見積書をとり、二三〇万円の修理費をA損保に請求しました。

予想だにしないA損保の回答

A損保から届いた文書を目にしたとき、立原さんは怒りで手が震えたといいます。

その文書は、車両保険金の支払不能を通知していました。

「タイヤは道路上を跳んできて、立原様のお車にぶつかったのではありません。ワゴン車からはずれたタイヤは、事故当時、道路上に寝ていたと推定されます。静止していたそのタイヤに、立原様のお車が乗り上げたのです。立原様には前方不注視の過失があったと、弊社では考えております」

怒り心頭に発し、立原さんはA損保の担当者に猛然と抗議しました。しかし担当者は馬耳東風で前記の理由を繰り返し、保険金の支払いを拒否しました。

工学鑑定による立証

突然、タイヤが車に跳んできたというのに、寝ていたタイヤに乗り上げたお前が悪いとはどういう言い草か。ふざけんじゃない！　こうなったら、是が非でもタイヤが跳んできたことを証明してやる。

そう考えた立原さんは、機械システム工学を専門とする大学教授に鑑定を依頼しました。車についたタイヤ痕の位置、損傷の程度から、タイヤが跳んできてできた衝突痕であることを立証しようと考えたのです。

「鑑定書」ができ上がった段階で、彼が私を訪ねてきました。

「先生、これで勝てますか」

鑑定書には、事故車の写真が何枚も添付されています。写真を検証しますと、右フロントバンパー下部には、接地面から二六センチの箇所に断裂があります。タイヤ幅は一九センチですから、寝ていたタイヤに車が乗り上げたのでは、絶対につかない痕跡です。さらにその上部には、横幅三四センチ、最大高さ五センチにわたって、タイヤ特有のトレッドパターン形の軟らかい圧痕があります。その形状は、タイヤが斜めに跳びはねていたとき、ゴム部分の溝が衝突してついたものだと推定されます。

教授は書いています。

「もしタイヤが路面に完全に横倒しになっていたとしたら、ベンツについたこれらの損傷の原因を、科学的に説明できない」と。

そこから、「鑑定書」は、車についた傷は、タイヤがやや斜めに傾いた状態で路面をバウンドして後方に跳んでいるとき、車に衝突してついたものだ、との結論を導いています。

「勝算はありますね」

私は言いました。

訴訟でのA損保担当者の証言

A損保の自動車保険約款中、車両保険の条項には、「飛来中または落下中の他物との衝突によって生じた損害」(傍点著者)について、保険金を支払うとされています。

証言台に立った三〇代の担当者に、私は鑑定書をつきつけました。

「写真を見ても分かる通り、地上から三一センチの位置に損傷があります。この傷は、寝ていたタイヤに車が乗り上げたのでは絶対につかない。跳んできたタイヤが車に衝突したときついたとしか考えられないのではありませんか。あなたはこの傷をどう説明するのですか」

「私どもでは、そちらの『鑑定書』を信用しておりませんから」

「それなら、この傷はどうしてついたというのですか」

「タイヤに乗り上げたときついたものではないというのなら、もともとあった傷ではないですか」

あくまでもシラを切るつもりです。

「では、仮に、タイヤが跳んできてついた傷だということになれば、保険金は出すんですね」

「……」

彼は沈黙します。

「出すんでしょう？　お宅の保険約款には、『飛来中または落下中の物が衝突』してついた損傷には保険金を出すと、ここにはっきり書いてあるじゃありませんか」

「タイヤが跳んできたといっても、何度もバウンドを繰り返し、はね上がったとき、立原さんのお車にぶつかったわけですので、『飛来中』『落下中』の概念には入らないと思います」

裁判長は眉をひそめ、おもむろに口を開きました。

「あなたは、上から下に落ちている最中にぶつかったのならよいが、バウンドして下から上に上がっている最中の事故は含まれないというのですか」

「ええ」

「そうすると、ゴルフボールや野球のボールが道路上にとび込んできても、上から下に落下中ならよいが、バウンドして下から上に上がる最中の事故は対象にはならないという解釈ですか」

「ええ、そうなります」

裁判長は顔を紅潮させました。

「そんなこと、どこに書いてありますか。通常の感覚では、そうは読めないじゃありませんか」

「でも、当方ではそう解釈しています」

彼は悪びれず言い放ちました。

私は尋問をつづけます。

「物が跳んできて車にぶつかったとき、その物体が落下中にぶつかったのか、バウンドして上昇中にぶつかったのか、あなたの会社ではどうやって区別するというのですか」

「……それは、ケースバイケースでして」

「あなたは査定担当者なんでしょ？　査定担当者なら、どうやって区別するのか分かっていなければ、話にならないでしょう？」

「………」

担当者はこたえに窮しました。

要するにA損保では、バウンドするものが跳んできてできた傷は、自分たちの解釈で「飛来中」「落下中」とはいえないから、保険金は払わないとこじつけるつもりなのです。

こんな解釈があると知っていれば、誰もA損保の車両保険には加入しません。保険料だけ徴収しておいて、いざとなったらとんでもない屁理屈をこねて保険金の支払いを拒む。私は思いました。A損保のやり口は詐欺まがいだと。

一審の全面勝訴から控訴審へ

やがて、原告である立原さん側に全面勝訴の判決が東京地裁で下りました。金額は請求通り二三〇万円です。その判決を尊重し、命じられた保険金を潔く払うのかと思いきや、A損保は控訴してきました。
不服の理由として、次の点をあげます。

a　タイヤは路上に寝ていたのだ。一審は事実認定を間違えている。

b　その証拠として、立原氏がタイヤに衝突したとされる同じ時刻ごろ、別の車が路上に寝ていたタイヤにぶつかった。その報告が道路管理会社に寄せられている。

c　時速一〇〇キロものスピードで車を走らせているときには、路上に寝ているタイヤも一瞬、跳んでくるようにドライバーには見えるものだ。

d　ベンツについた傷は、宙に浮いたタイヤが衝突した場合だけでなく、寝ていたタイヤに乗り上げた場合でもつく可能性がある。

e　「飛来中」「落下中」の「中」とは、飛来物が最初に地面につくまでの間をいい、接地したあと、バウンドしている間は含まない。

この車両保険の特約は、ドライバーの運転操作とは関係のない外的な要因による損害だけを担保するものだ。そのために、保険料も安くしている。だから、「飛来」とか「落下」にいう「中」とは、飛んできて接地するまでの間という意味に限定して解釈するべきだ。そうでないと保険料を安くした意味がない。

bの裏付けとして、道路管理会社への弁護士からの照会文書とその回答書を提出してきました。寝ていたタイヤにぶつかった車両があるとの報告が上がっていたとしても、それが立原さんの事故より前だったという保証はありません。立原さんの件のあとなら、当然考えられることです。

c、dの裏付けとしては、別の大学教授からそれぞれの内容に沿うような「鑑定書」をとりつけてきました。

東京高裁の裁判官は和解折衝の席で切りだしました。

「物がバウンドしているときの衝突には、この車両保険は適用されないとすると、『飛来中』『落下中』の物がダイレクトに車に当たったケースしか出ないことになる。そんなことは現実にはめったに考えられないではないですか。ゴルフボールや野球のボールが飛んできて車両に当たるなどということは聞いたことがないし。せいぜい考えられるのは、立体交差の高速道路を走る車から物が落ちてきて、下を走っていた車に当たるぐらいでしょう。そう考えると、これはかなりひどい保険だ。契約者ははじめから出ないような保険に入らされたことになる」

高裁での和解

一審で勝っているという事実は、控訴審（二審）でも相当有利に働きます。

高裁の裁判官からの和解の提案に対し、私は次のように伝えました。

「A損保の屁理屈は目に余ります。非常識です。このうえは遅延損害金（支払いが遅れた分の利息）もきっちり加算してもらわない限り、和解には応じられませんよ」

私自身、A損保の対応には頭にきていました。A損保があくまで支払い拒絶の方針でくるのなら、こっちも徹底的にとるべきものはとる。攻撃の手は決してゆるめない。これが私のポリシーです。五発殴られたら、一〇発殴り返す。いや一五発かな。A損保のような悪党を相手にするときは、それくらいの覚悟が必要です。そうすれば、裁判官もひるみます。

二、三度、和解折衝を試みた末に、ようやく和解が成立しました。一審判決より一〇万円アップの二四〇万円です。遅延損害金も含まれています。

A損保は、二〇〇八年のリーマン・ショックで倒産の危機に追い込まれた米国大手保険グループに属しています。

はじめから支払う気のないような保険を売るというのは、一般消費者を騙すものです。消費者保護という観点からすれば、こんな会社はつぶれて滅亡してくれるのが、世のために最善だと私は思っています。

盗難事故

車両保険といえば、車が盗難にあった場合も補償の対象になります。

千葉県木更津市で冷凍食品を運搬する会社を経営している藤谷さんは、社長職をこなしながら、自らもドライバーとして保冷車を運転していました。

金曜日の夜、成田流通センターの仕事を終えて、大型保冷車を会社の青空駐車場に駐車しておいたところ、月曜の朝になったらなくなっていました。従業員の誰かが割り当てを間違えて乗っていったのかと思い、一人一人に電話であたりましたが、皆知らないと言います。

盗難にあったことを確信しました。

この保冷車には、N損保に車両保険がついていました。藤谷さんが割賦でH自動車販売会社から買った車であったため、割賦代金を完済するまで、車の所有権はH社にあります。盗難にあったときの車両保険の請求権もH社にあることになります。

この仕組みを知らないまま、藤谷さんはN損保に車両保険金七〇〇万円の支払いを求めました。

N損保の回答

これに対するN損保の回答は、「払わない」でした。偽装盗難だというのです。

なぜか。

a　藤谷さんの会社は最近経営が行き詰まり、車のローンの返済にも苦慮する状態だった。

b　主要取引先からの運送の注文も激減しており、大型保冷車二台のうち一台分が不要になっていた。

c　そこでローンの支払いを免れ、資金繰りをよくするため、盗難を偽装して保険金の詐取を企てたのである。

d　トラックの盗難は稀であるうえに、青空駐車場に大型保冷車は二台停めてあった。窃盗犯からすれば、二台とも盗んでもおかしくないのに、一台だけ盗まれたというのは不自然だ。

盗難事故の場合、かつては、その盗難が偶然に起きたものであること、つまり被害者が事故を偽装したものではないということを被害者側で証明しなければならないとされていました。これを「偶然性の立証」といいます。

この点については、後述するように二〇〇六年に最高裁が、車両保険については、「偶

●2006年6月1日付朝日新聞（夕刊）

物損事故 故意か重い過失か

保険会社に立証責任

最高裁判断

自動車の物損事故の保険金支払いをめぐる訴訟の上告審判決で、最高裁第一小法廷（横尾和子裁判長）は1日、事故が故意や重い過失によるものかどうかの立証責任は保険会社側にある、との初判断を示した。事故が偶然であることを立証できなかったことを理由に自動車の持ち主の保険金請求を棄却した二審・名古屋高裁金沢支部判決を破棄し、審理を同高裁に差し戻した。今後は、事故が故意だったかどうかを保険会社側が立証できるかが焦点になる。

何者かにボディーに傷を付けられるなど、車の破損のトラブルは絶えない。今回の判断は、持ち主側の証拠集めの負担を軽くして保険請求をしやすくするもので、自動車保険の実務に大きな影響を与えそうだ。

判決によると、訴えていたのは福井県内のボート販売業の男性。01年10月、同県内のマリーナのボート置き場横に駐車した米国製キャンピングカーが動き出して水没。千代田火災海上保険（現・あいおい損保）に保険金245万円の支払いなどを請求。同社側は「偶然な事故ではない」として支払いを拒んでいた。

保険金請求をめぐっては、従来、「故意でないこと」は保険金請求者側に立証責任があるとされてきた。最高裁は01年、傷害保険の加入者が死亡したケースで、「支払い請求者は、事故が偶然であることを立証すべき責任を負う」と述べ、「そのように解釈しなければ、保険金の不正請求が容易となるおそれが増大する」と指摘した。

一方で最高裁は04年、火災保険の場合は、商法上、「原因を問わず」保険会社側が支払う規定があることを厳格に解釈。火災で財産を失った人が原因を証明することは困難とする立場から、「請求者に偶然かどうかの立証責任はない」と判断した。今回も同様の考え方から、立証責任を保険会社側に負わせた。

然ではない。被害者の故意又は重大な過失による」と損保側で言いたければ、それを損保側で立証すべきだということを判示しました。

しかし、藤谷さんのケースのときは、まだ偶然性の立証責任が被害者側にありました。思いもかけず盗難の被害に遭った場合、故意ではなく偶然だと証明するのは困難を極めます。

私は藤谷さんと藤谷さんの会社、及びH自動車販売会社の代理人として、東京地裁の法廷にたちました。N損保側は、Sという弁護士を代理人にたててきました。

Sは、年輩のひげ面で、いまどき珍しく頭にはボルサリーノをかぶり、鞄の代りに、旅行客がよく手にしているキャリーバッグをズルズルひきずって、法廷に現われます。シーンとした法廷に、ゴロゴロ音が響きます。

Sとは、何度か法廷で対決したことがありました。N損保に限らず、東京の損保が車両保険金の支払いを拒むケースでは、いつも彼が代理人として名乗り出てきます。

法廷での攻防

前述の通り、このケースでの保険金請求権は、藤谷さんにはありません。車両の所有者であるH社にあります。保険金はH社に渡るだけで、藤谷さんには渡りません。ですから彼が偽装工作をしてみても、何の得にもなりません。

法廷では、藤谷さんの会社が経営難に陥っていたわけではないことや、ローンの返済に窮していたわけではないということを、会計帳簿などを出して証明しました。取引先からの注文も特に減っていたわけではなく、むしろふえていたくらいであり、保冷車をもう一台買い増ししようかと彼は考えていました。

H社の話によれば、トラックの盗難は、決して珍しくはないということです。年間三〇台から四〇台の車が被害に遭っています。港湾関係者からは、木更津港で、盗難車らしい大型トラックが船積みされているのをよく見かけるが、手の出しようがなく黙認しているという話が聞けました。たぶん、新興国に輸出されるのでしょう。

私はこれらの裏付けをすべて文書化して提出しました。

さらに千葉県警察本部や木更津警察署にも、東京地裁を通して、千葉県内におけるトラックの盗難車両件数について回答を求めました。裏の裏をとるためです。

激しい攻防の末に判決がでました。判決はN損保のa、b、c、dの主張を根拠のない主張だと斥《しりぞ》け、車両保険金の支払いを命じました。

相手方は控訴しましたが、控訴審でもこちらが全面勝訴しました。

遅延損害金までケチる

勝訴判決を得ても、法文上は二週間以内に最高裁に上告することができます。

上告とは、高等裁判所（二審）の判決に対する不服申立てのことです。このケースでは、こちらが勝訴しましたので、当方から上告することはありません。やるとしたら相手方からです。上告には、憲法違反など特定の理由が必要です。その理由も見当たりませんから、相手方からの上告も考えがたいところです。

先方の代理人弁護士Sは、判決が下って二日後に秘書を通じて、保険金を支払うから預金口座を早く教えてほしいと伝えてきました。と言われても、相手方に請求する商事法定利率年六％の遅延損害金と印紙代などの訴訟費用を計算しなければなりません。送金先の預金口座も、このケースでは依頼会社に確認する必要がありました。今日急に言われても、その日のうちに回答できるとは限りません。

すると翌日の朝、ふたたびSの秘書から電話が入りました。

「昨日もお伝えしましたように、一日も早く口座を教えていただきたいのですが。N損保が本日中に払って、終わりにしたいと言っているものですから」

そんなに切迫したお願いなら、S弁護士が自分で電話してくればよさそうなものを、バツが悪いからか、秘書に電話させているのです。

相手が支払いを急ぐのは、負けたから潔く払おうという意味ではありません。一日支払いが遅れると、その分、遅延損害金（このケースでは、一日たった一一五〇円です）を加算して支払わなければなりません。それがいやなのです。

払わないと決めたら、徹底的に払わないくせに、支払いを命じられると、遅延損害金をケチるために、一日でも早く払おうとする。N損保の慳貪《けんどん》さを痛感しました。

損保は、保険金を支払わないためなら、自分に都合のよいストーリーを組み立てます。

被害者（被保険者）の

1　借金（ローンその他の借入金）の存在
　　　↓
2　経済的苦境（会社の経営難など）
　　　↓
3　保険金詐欺の企て

これが、損保が創作する定番のストーリーです。

このストーリーに沿う情況証拠がそろっているかのように見せかけるのも、損保の常套手段です。調査機関に調査させ、事実を歪めた、あるいは誇張したような調査報告書を作らせるのです。もちろん、報酬を払ってです。

損保の知略こそ、裁判所をも騙そうとしているものだといえるでしょう。

バイク転倒

木下さんという男性が、夜中、幹線道路をバイクで走行中に転倒しました。犬が飛び出してきて急ブレーキをかけたためです。ガソリンが漏れだし、炎上しました。バイクの下敷きになった彼は、両脚を骨折したため動きがとれず、バイクもろとも両脚が炎に包まれました。

救急車で大学病院に搬送された彼は、両脚をひざ下から切断するはめになりました。気の毒な事故です。

退院して彼は、自分のバイクにつけていた搭乗者傷害保険金と自損事故保険金合計五〇〇〇万円をM損保に請求します。

これに対し、M損保は弁護士をたて、「支払不能」の通知を送ってきました。

理由は何か。

保険金目当てに故意にバイクを転倒させたというのです。彼はこの事故が起きる二〇分前にガソリンスタンドに立ち寄り、ガソリンを満タンにしていました。埼玉県越谷市から成田空港に向かっていましたので、途中でガソリンが切れないように、満タンにしただけです。遠距離を走らせる場合には、誰だってそうするでしょう。M損保はそれを逆手にとってきました。

実は木下さんは過去二〇年間に三度、転倒事故を起こし、M損保に保険金を請求した履歴があります。

今回が四度目の事故であったため、M損保は木下さんを保険金詐欺の常習犯と決めつけました。

「事故の二〇分前にわざとオイルタンクを満タンにし、転倒したらオイルが漏れだし炎上するように、タンクのキャップを緩めておいたのだろう」

「犬が飛び出したなどというが、目撃者はいない。それが本当だというのなら、飛び出したという犬を連れてこい」

これがM損保の言い分でした。

支払不能通知

事故の直後、彼は必死にバイクから両脚を抜こうとしましたが、どうにも動かなかったといいます。一瞬のうちに炎がバイクを包み、彼の両脚は膝から下が灰になってしまいました。

「熱いし痛いし、こんな事故、わざと起こす奴はいませんよ。こんなに交通量の多い道路で転倒したら、後続の車に轢かれてしまいます」

私の事務所に車椅子でみえた彼は、涙を流して私に訴えました。

今回のケースでは、燃上した炎が非常警報装置の役目を果たし、後続車に轢かれることを防ぎました。

M損保の代理人は、またしても、盗難事故のとき登場したSという弁護士です。

「わざと転倒したんでしょ？」

Sから届いた「支払不能通知」に木下さんが抗議の電話を入れたところ、Sは蔑むような口調でそう言うと、電話を切ってしまったそうです。

搭乗者傷害保険や自損事故保険といった傷害保険の場合、事故が故意ではなく偶然に発生したことを被害者の側で証明しなければならないという見解が、かつて実務では有力でした。しかし損保が、被害者の故意または重大な過失によることを理由に保険金の支払いを拒むのなら、むしろその事実は、保険会社側で立証しなければならないと私は考えています。この考え方と同じ判例や学説もあります。

火災保険や車両保険に関する最近の最高裁判決の流れをみますと、このような傷害保険についても、最高裁はいずれ「偶然性の立証責任は保険会社側にあり」とする見解を表明するのではないか、といわれています。

法解釈の趨勢《すうせい》を踏まえたとき、損保が偶然性の立証をせず、憶測だけで「故意にちがいない」と決めつけ、一方的に支払いを拒むのは悪辣です。こういう場合、訴訟にしない限り、損保は絶対に払いません。

将来の訴訟も視野に入れるなら、被害者としては、損保側の立証を待つことなく、できれば偶然性の裏付けをとっておくのは大事なことです。

このケースで偶然性を立証するとなると、交通量の多さ、転倒したら後続車に轢かれる危険が高いことを映像に撮るぐらいしかありません。故意に転倒したら死を招きかねないことを認識してもらうためです。成田空港に友人を迎えに行く途中だったということですから、その友人に、出迎えに来てもらう予定だったことを一筆書いてもらえれば、それもひとつの証拠となるでしょう。出迎えに行くことを約束していながら、その途中で故意に事故を起こすとは考えがたいからです。

こうした反証方法を私は彼にアドバイスしました。

しかしその後、木下さんからは連絡がありませんので、どうなったのか分かりません。両脚切断という、一生車椅子での生活を強いられる障害を負ってしまったというのに、Sという弁護士の脅しに屈して、一銭も保険金が渡らなかったのではないか。五〇〇〇万円を断念させられたのではないか。

そう思うと、他人事ながら心が痛みます。

治療費の支払いストップ

いままでお話ししたのは、被害者が、自分で契約していた自動車保険の損保に保険金を請求して、支払いを拒否されるケースでした。

自動車事故の保険金請求で、一番ポピュラーなのは、被害者が加害者側損保に請求するケースです。対人賠償保険といわれるもので、治療費にはじまり、通院交通費、休業損害、入通院慰謝料など、さまざまな損害項目が対象になります。

これはすんなり払われるか。

とんでもありません。この局面においてこそ、大部分の被害者は泣かされます。

ではどのように泣かされるのか。その一端をご紹介しましょう。

岡崎さんという二〇代の女性が、タクシーに乗って信号待ちをしていたとき、ワゴン車に追突されました。

むち打ち症である「頸椎捻挫《けいついねんざ》」の診断が整形外科から下されます。症状は思いのほか長びき、二か月が過ぎてもなかなか軽快しません。医師からは「あと二、三か月通院を続けてもらって様子をみましょう」と言われました。

そのことをS損保に伝えたところ、S損保の五〇代の担当者は言下にこう言いました。

「もうそろそろ治るはずじゃありませんか。うちとしては治療費は、事故から三か月分までしか払えません。それ以上通いたければ、健保を使って自費で通ってください」

人間には個体差がありますから、「治るはず」と一方的に決めつけられても困ります。同じ衝撃をうけたとしても、早くよくなる人もいればそうでない人もいます。

S損保の理不尽さに納得できなかった岡崎さんは、弁護士に相談しました。

「それはおかしい。医者が通院の継続を指示しているのですから、そのことを伝え、これから先の治療費もきちんと支払うよう抗議するべきです。弁護士に相談したら、そう言われたと言ってくれてもいい」

交通事故を数多く手がけるある弁護士は、このようにアドバイスしました。

彼女は早速、そのことをS損保の担当者に伝えます。「それならもうしばらく治療費を払いましょう」と言ってくれるのではないか。そのような期待を込めて、電話しました。

しばらく黙って聞いていた担当者は、おもむろに口を開きました。

「……そうですか。弁護士に相談したんですか」

「ええ」

「じゃ、治療費は今日までの分しか払いません。あとは自費で通ってください」

「まだ二か月と一〇日しか経っていないじゃないですか。先日、三か月分は払うとおっしゃったでしょう？」

「そんなこと言いましたっけ」

「言いましたよ」

「……じゃ、気が変わったと思ってください」

聞いて彼女は唖然としたといいます。弁護士に相談したというだけで態度を硬化させ、支払いを打切るとはどういう了見をしているのか。

「こんなことって許されていいんでしょうか」

怒りも露に、彼女は私のところに電話で相談してきました。

接骨院を冷遇しようとする損保

日本の損害賠償の実務では西洋医学を尊重し、東洋医学を軽視する傾向があります。端的にいえば、整形外科医の診断書は信用するが、柔道整復師の施術証明書は半分しか信用しないといった感じです。理由は、西洋医学に比べ東洋医学は、施術効果を科学的、合理的に説明できないという点にあります。その結果、整形外科の医師会からは、東洋医学の施術の有効性や相当性に疑問が投げかけられています。

損保はこの姿勢を露骨にだしてきます。裁判所の裁判官たちも内心そのような考えを抱いていることが見てとれます。といいますのは、裁判所で東洋医学の施術費を認めるに際しては、医師の指示にもとづくかとか、施術の必要性、有効性があったか、といったことを細かくチェックしたうえで判断しているからです。

しかし、整形外科医と柔道整復師や鍼灸師とは競合関係にありますから、東洋医学の施術費を認める前提として、整形外科医の指示を期待するのは、はじめから無理があります。

医師も柔道整復師もどちらも国家資格をもつ医療従事者です。日本では長い間、西洋の文化に傾倒し、医療面でも西洋医学を偏重してきました。その傾向が損害賠償にも影響を及ぼしています。ただ東洋医学には長い歴史があり、被害者によっては、整形外科より柔道整復や鍼灸の方が施術効果が上がるという方も少なくありません。特にむち打ち症の場合にはそうで、このことは多数の患者によって実証済みです。柔道整復師や鍼灸師の方が利便性があり、医師よりも時間をかけて話を聞いてもらえるという利点もあります。この事実に配慮する必要があります。

主婦の福井さんは追突事故をうけ、接骨院に通いました。当初は整形外科に通っていたのですが、治療の効果がはかばかしくなく、途中から接骨院に切り替えたのです。切り替えて四か月経ったある年の一二月、相手方であるZ共済の担当者は、院長に面会を求め、こう告げました。

「福井さんについては、一二月いっぱいで『治療中止』にしてくれませんか。『中止』の施術証明書を出してくれれば、そこまでの施術費は何とかお支払いしますが、出してくれないなら、すべて払えなくなります。来年以降の分はもちろん、お支払いできません」

「そうは言っても、この患者にはまだ施術が必要なんですよ」

接骨院の院長は食い下がりましたが、Z共済の担当者は譲りませんでした。

仕方なく院長は、自賠責保険での取扱いはいったん「中止」し、あとは健康保険扱いに切り替えるというつもりで、「中止」の診断を下しました。

「中止」の診断の悪用

接骨院の院長がZ共済のなかば脅しに屈する形で、「中止」の診断を下したことが、後日、トラブルの種になります。

福井さんは、「中止」の診断が下されたあとも、首の痛みはおさまらず、健康保険を使って八か月、通院をつづけました。そのあとで、別の整形外科に通い、「症状固定」(症状がこれ以上改善しない状態のこと)の診断を得ました。

示談折衝において、福井さんは最終的に「症状固定」の診断が下されたときまでの治療費や主婦としての休業損害を求めたのに対し、Z共済側は、一二月に接骨院にて「中止」の施術証明書が出ている、したがって、そのときまでの治療費や休業損害しか払わないと言いだしたのです。

JA不払い、22億8000万円

自動車共済

全国共済農業協同組合連合会（JA共済連）は30日、自動車共済の不払い調査結果を公表した。昨年5月時点の公表件数より約1万4千件増え、5万3112件（不払い額約22億8千万円）となった。人身傷害特約で、事故の相手方が入っている保険会社からの賠償額が、共済側の基準より少なかった場合などを補償する部分で、不払いが見つかった。

● 2007年3月31日付朝日新聞

Z共済の担当者は、接骨院の院長に無理やり「中止」の施術証明書を書かせておきながら、今度は「中止」の診断を奇貨として、その時点までの賠償金しか支払わないという論法を組み立てたのです。

　このような狡猾なやり方は、Z共済に限ったことではありません。多くの損保、共済が実務で使っている手口です。

　示談交渉は難航し、話合いでは解決の目途がたたなかったため、私は日弁連交通事故相談センターに示談斡旋の申立てをしました。

　そこでは、仲介に入った示談斡旋担当弁護士の理解が得られ、最終的に整形外科で「症状固定」の診断が下ったときまでを治療期間とすることで合意をみました。しかし、そうまでしないとこちらの言い分を認めようとしないZ共済に、私は強い憤りを覚えます。

会社役員の休業損害

交通事故で怪我をすれば仕事ができない。仕事を休んだ分、給与が減らされる。会社経営者であれば、売上の減少を招く。

休業したことによって、給与や売上が減少したことによる損害を、休業損害といいます。

勤め人であれば、給与が減らされた金額を勤務先から証明してもらえば、比較的簡単に立証ができます。通常は、自賠責保険で用いる「休業損害証明書」という用紙に記入してもらいます。

会社経営者、会社役員の場合がトラブルになります。

なぜか。

それは給与が、二つの構成要素から成り立っているからです。役員報酬と労務対価部分です。役員報酬というのは、「代表取締役社長」とか、「執行役員」といった地位にもとづく報酬です。この部分は、本人が病院で寝ていようとゴルフをしていようと、海外旅行に出ていようと、関係なく支払われるものです。それに対し、労務対価部分とは、額に汗して取引先を回り、接客をこなし、ビジネス上の電話をし、ときには「じっと手をみる」といった実働に対して払われるものです。

役員の方であっても、給与のうち労務対価部分相当額は、休業損害として補償の対象になります。

ごく大まかにいえば、大会社の役員なら役員報酬部分は三割、労務対価部分は七割といったところです。中小企業であれば、役員報酬部分は一割から二割に減少します。従業員数がゼロか、いても一人か二人といった個人経営でしたら、役員報酬はゼロで労務対価部分が一〇割といってさしつかえないでしょう。

並河《なみかわ》さんは、レジャーランドを経営する企業の委託をうけて、キャラクターグッズのデザインを専門的に手がける会社を経営していました。一応、法人組織にし、自分が社長におさまってはいるものの、従業員は四名にすぎない零細企業です。

彼は美大の出身で、大学時代、商業デザインを勉強しました。それもあって、彼自身でデザインの受注からデザイン画の制作、色彩の指定、商品の納入、さらには経理面までを統括してきました。

ところが人身事故に遭い、何か月も仕事を休んだため、売上が大幅に減少しました。彼の会社では、取引先との商談は彼が一手にひきうけてまとめていたからです。入院中はそのような商談ができませんので、キャラクターグッズの製作依頼は、同業他社に流れました。事故の前年には、四〇〇万円あった一か月の売上は、一〇〇万円台に減りました。年間の売上減少分は、事故前年に四八〇〇万円あったものが、事故発生年には一八〇〇万円にダウンしましたので、三〇〇〇万円に及びます。

彼はこの差額を休業損害として、T損保に請求します。

「会社役員の場合、休業損害は出ません。出ないことになっているんです」

「どうしてですか」

「そういう決まりだからです」

並河さんは、とりつく島のないような担当者の言い方に、頭にきたといいます。これこれしかじかだからお支払いできませんと、論理的に説明するならいざ知らず、やみくもに「出ません」はないでしょう。「決まり」だというのも、あたかも自動車保険約款でそう決められているかのような誤解を与えます。

私の事務所を訪れた並河さんに、私は会社役員の方の給与には、役員報酬部分と労務対価部分があることを説明しました。

「自分の場合、個人経営同然ですから、給与の一〇〇%が労務対価部分です。それなのに、どうしてT損保は休損（休業損害の略称）の支払いを渋るのでしょうか」

「損保の頭の中には、会社役員には休損は払わないという、横暴ともいえる不払いの法則があるからです。そういうマニュアルができ上がっているのです」

「不払いのマニュアルですか」

「そうです」

「振り込め詐欺にはマニュアルがあると聞きましたが、損保にも、払わないためのマニュアルがあるんですか」

「あるんです。ちなみに給与はいくらですか」

「一〇〇万円です」

なるほど、と私は思いました。彼はキョトンとしています。

失礼ながら、給与額が低い方の休業損害なら、損保はわりとすんなり支払いますが、高給取りの休業損害は、一銭も払おうとしません。

どうしてそうするのか。

単に払いたくないからです。月給一〇万円の人には全額支払うのに、月給一〇〇万円の人には、一〇万円どころか一銭も払わない。理由として、被害者に合いそうなものをもっともらしくくっつけます。

曰《いわ》く。

「役員の方には休業損害は出ない決まりになっている」

「受傷したとは思えない」

「治療が長期化したのは、既往症の影響による。その影響は八〇%を下らない」

「もう治ったはずだ」などなど。

並河さんは言います。

「私の場合、『社長』という肩書がついているだけで、休損を一円も払わないというのは許せません。どうにかして払わせたいのですが」

「払わせることは可能です。でも訴訟に持ち込まないとだめでしょうね」

私はこたえました。

商売上の秘密情報を開示せよ

この事件は、彼の希望で東京地裁に提訴しました。

休業損害の発生を立証するため、私は彼の会社の「決算報告書」や「損益計算書」を事故発生の年の前後にわたって、五年分提出しました。今後彼が商売をつづけるうえで、支障がないと思われる資料のすべてです。

　これに対し、T損保側の弁護士は、さらなる証拠の提出を求めてきました。

「原告会社の取引先名をすべて明らかにするとともに、取引先別の売上高帳簿を提出してもらいたい」

　私はカチンときました。

　相手方は、並河さんの商売上の秘密に関わる情報まで開示させようと企んでいると思ったからです。

　こちらでそれを開示したなら、T損保は各取引先ごとに、具体的な取引内容と金額を照会するつもりなのです。そんなことをされますと、先方に不快感を与えるだけでなく、とんでもない迷惑を及ぼし、以後、並河さんの会社との取引は停止されかねません。停止されても、T損保は「そんなのは、うちとは関係ない」と平然と言うでしょう。

　あれを出せ、これを出せと被告側から要求されたからといって、その全部に応じる必要などありません。

　私は言い返しました。

「原告は、被告の要求に応じる必要性を認めない。被告が反論したければ、提出済みの証拠を分析すれば足りる。どうしても取引先を知りたければ、T損保において、日本全国、さらには世界中に散在しているキャラクターグッズの製作会社（その数は何万あるか何十万あるか知らないが）にしらみつぶしに照会を出し、原告会社との取引の有無を調査すればよいではないか」

こんな調査を実際に行うのは不可能です。本気でやったら、調査費用だけで何十億円にものぼるでしょう。

私の反論文書を読んで、さすがに相手方の弁護士も、諦めたようでした。

結局、判決は、並河さんの労務対価部分を八〇％と算定し、さらに減少した売上の五〇％を事故と因果関係のある損害として認定しました。

｛（四八〇〇万円－一八〇〇万円）×〇・八｝×〇・五＝一二〇〇万円

このケースで、労務対価部分を八〇％としたのは、私には不満でした。せめて九〇％とみるべきです。

しかし当初、T損保では並河さんの休業損害はゼロ円だとしていましたから、一二〇〇万円認められたというのは、成果があったといえます。

泣き寝入りを待っている

慰謝料には、入通院の慰謝料と後遺障害の慰謝料があります。ここでは前者について、損保が使う悪巧《わるだく》みをお話しします。

被害者が医療機関への入通院を余儀なくされた場合、肉体的にも精神的にも苦痛を伴います。その苦痛をお金で慰めるのが、慰謝料です。

慰謝料には基準があります。自賠責保険、任意保険、弁護士会の各基準です。あとのものほど、基準は高くなっています。たとえば、自賠責保険では、治療一日につき四二〇〇円です。治療日数が三〇日なら

四二〇〇円×三〇日＝一二万六〇〇〇円

となります。

これに対し、任意保険の場合、同じ三〇日でも、

入院なら　二五万二〇〇〇円
通院なら　一二万六〇〇〇円
です。
さらに東京の弁護士会基準では、三〇日が
入院なら　五三万円（むち打ち症で他覚所見がない場合は、三五万円）
通院なら　二八万円（　　　同　　右　　　　　一九万円）
とされています。
実は任意保険の基準は公表されてはいません。損保各社が独自に基準を作っています。大方の損保は、前述のような基準で任意保険の慰謝料を算定しているとみて、さしつかえないでしょう。
私のオフィスには、損保からの提示額が妥当かどうか判断してもらいたい、といった被害者からの相談依頼がよく舞い込みます。

守屋さんという三三歳のOLの方がみえました。左脚を骨折し、二か月入院し、六か月通院をしています。

A損保から提示された「損害額内訳書」の「傷害（入通院）慰謝料」の項をみますと、

入院日数　六〇日
通院期間　一八〇日
合計治療期間　二四〇日

と記され、

四二〇〇円×二四〇日＝一〇〇万八〇〇〇円

と書かれています。

ちなみに守屋さんの治療内容に見合う慰謝料を東京の弁護士会基準で算定しますと、一八一万円になります。自賠責基準の算定額の約一・八倍です。任意保険基準によれば、一〇二万一〇〇〇円です。

A損保は任意保険ですから、任意保険の基準で算定するならまだしも、それよりも低い自賠責保険の基準を用いてきました。もし自賠責保険の基準額で守屋さんが承諾してくれれば、その全額をA損保は自賠責から回収することができ、自社の懐が痛まなくてすむからです。上司からは「当然のことだが、よくやった」と誉められるでしょう。被害者の無知につけこんだ悪辣なやり方です。

こういうふうに、相場よりもはるかに低い算定額を平然と出してくるというのも、A損保に限ったことではなく、すべての損保、共済に共通したスタンスです。

実は損保の担当者も、これでは低すぎるということは百も承知しています。それでも払いたくないという一念で、安い金額を言ってくるのが現実です。

彼らに、弁護士会基準による高い慰謝料を払う気にさせるのは、次の三つのケースです。

1　弁護士が被害者の代理人として介入してきた場合

2　日弁連交通事故相談センターや、交通事故紛争処理センターといった第三者示談斡

旋機関に示談斡旋を申し立てられた場合

3　訴訟になった場合

要するに、弁護士が出てきたり、「出るとこへ出た」場合には、不承不承だが弁護士会基準で払うというわけです。

彼女は尋ねます。

「インターネットには、慰謝料の基準を紹介したホームページもありますよね」

「はい」

「とすると、被害者の中にはネットで調べて、自分の慰謝料が弁護士会基準でいくらぐらいになるか、見当のつく人もいると思うんですが、そんなことにお構いなく、損保は低い額を言ってくるんですか」

「その通りです。損保はまず第一段階で自賠責保険基準の低い慰謝料をぶつけてみる。納得してもらえなければ、任意保険基準につり上げる。それでもだめで弁護士がついたなら、ようやく弁護士会基準まで許容する。それが彼らの常套手段です」

「じゃ、泣き寝入りを待っているみたいじゃないですか」

「みたいじゃなくて、本当に待っているんです」

私はこたえました。

自賠責・後遺障害保険金

自動車保険金で出し渋りをされるのは、任意保険だけにとどまりません。自賠責保険の、特に後遺障害保険金も、なかなか被害者が思っているようには出ないものです。

自賠責保険は、任意保険とは支払いまでのプロセスが違います。自賠責保険の場合には、損保とは独立した損害保険料算出機構の自賠責損害調査事務所が受傷内容や後遺障害を調査して、支給額を決めます。

建前上は公正に調査することになっているものの、その結論に首を傾げることもしばしばです。診断書や後遺障害診断書、さらには画像などをチェックし、被害者の後遺障害の程度を評価するのは、人間です。どうしてもそこに主観が入ります。この評価の結果を同機構は自賠責保険会社に文書で通知します。自賠責保険会社はその内容に従って、等級の通知を被害者に発し、自賠責保険金を支払う仕組みです。

後遺障害等級の認定を得るため、被害者がつらい体をおして病院から診断書をとり、沢山の画像を提出しても、にべもなくはねられるケースが後を絶ちません。

私の扱った事案で、自分一人では着替えもできず、杖をついてどうにか歩けることは歩けるものの、介護者がついていないと転倒の危険がある三〇代の男性がいました。実際彼は、介護者がいないとき、緩やかな坂道で転倒し、肋骨を折る怪我までしています。四肢が麻痺し、手の指も満足に動きませんので、パソコンを打つことすらできません。仕事ができる状態ではありませんから、勤めていた不動産会社も辞めました。

私は彼の代理人として、後遺障害等級一級の認定を申請しました。自賠責の後遺障害等級は一級から一四級まであります。一級が一番重く、一四級が一番軽いのです。終生、全く働けない状態は、三級以上になります。

彼のケースで自賠責損害調査事務所が下した結論は一四級でした。

なぜか。

現在、彼の症状が深刻な状態にあるらしいことは分かるが、交通事故を原因としてそうなったのか、医学的な因果関係がはっきりしないという理由です。

事故に遭うまではピンピンしていて、事故のあと、こうなったんだから因果関係があるに決まっているではないか。被害者は誰しもそう考えます。

ところが、事故による受傷内容とそこから現在の重篤な症状が派生したということを、医学的に完璧に証明しないと、自賠責は認めようとしません。薄情です。因果関係の立証こそ、被害者を苦しめる壁なのです。

被害者のヴィジョン

被害者の損保との闘いは、事故が起きたときから始まっています。

まず、自分が事故の被害に遭ったとき、または事故を起こしたときは、必ず警察に届け出をする必要があります。

加害者によっては、「人身事故」扱いにされると、「累積違反点数の関係で免許取消しになるから、警察には届け出ないでください」などと言う人がいます。「補償はきちんとしますから」などと甘いことを言われたとしても、警察には届け出をしなければいけません。交通事故の加害者には、道路交通法で警察への報告義務（道交法第七二条）が規定されているからです。

人身事故として届け出をしませんと、「交通事故証明書」が発行されません。これがないと、自賠責保険金の被害者請求に支障をきたします。その場合には、なぜ「交通事故証明書」がないのか、その理由を、「交通事故証明書入手不能理由書」で説明しなければならなくなります。厄介です。

自分が被害者として病院に搬送された場合は別として、自損事故を起こしたときは、事故の一報を保険会社にどう入れるか。

それが、問題です。事故の一報は記録にとられますので、報告内容に疑わしい点がありますと、本来出るべき保険金が出なくなります。

特に盗難などの車両保険金がからむ事故では、常識的には、何も疑わしいことがなかったとしても、些細なことを疑問視して、出し渋るというのが、損保の常套手段です。そのことを忘れないでください。

第2章　極秘社内指令　保険金は出すな、泣き寝入りさせろ

秘書応募者の語る損保の体質

私の法律事務所で秘書の求人広告を出しますと、五〇名から多いときで二〇〇名近い応募があります。

その中で書類による一次選考をし、二次の面接を行います。面接者の中にかつて損保で仕事をしていた経験のある方がいつも二、三名おられます。

二八歳の女性が面接に来ました。「職務経歴書」によれば、大学を卒業してすぐ就職した会社がM損保でした。自動車の査定部門に一年間勤めたあと辞め、派遣で別の会社を渡り歩いてうちに応募してきたことになっています。

私は彼女に尋ねました。

「どうしてM損保を退職されたんですか」

「損保の体質は私には向かないと思いまして……」

「ほう、それはどういう体質でしょう？」

「ひどいったらないんです。絶対払わなきゃいけないと思えるような保険金も払うなって言うんです。上司からのお達しで。仕方がないから、被害者にはお支払いできないことを伝えます。すると、被害者からはガンガンお怒りの電話が入ります。こんなふうに被害者を泣かせ、いじめぬいていいのかしらと思うと、いたたまれなくなりました。被害者からの苦情の電話を上司に伝えるんですが、そんなことは折り込み済みと言わんばかりで、とりあってくれません。心療内科にも通いました。良心の呵責《かしゃく》に耐えられなくなりまして」

「うちは被害者サイドにつくことが多く、保険会社は相手方になります。M損保を相手にすることも多いですが、支障はありませんか」

「ありません」

彼女は、M損保の勤務中に得た保険の知識を、今度は私の事務所で被害者のために活用したいのだと言います。

面接で好印象だったため、「内定」のメールを送った三日後、「辞退」の連絡が彼女から入りました。ある男性との婚約が決まり、彼がインドに転勤になるので一緒にきてほしいと言われたのだそうです。

「弁護士秘書はいま女性の人気職業で、友人なども何回チャレンジしても、書類審査で落とされ、面接までいけないと話していました。それを思うと、せっかく『内定』をいただいたわけですので、この機会を逃したくはなかったのですが、双方の両親に説得されまして、彼についていくことにしました」

沈んだ口調から、まんざら嘘ではなさそうです。期待していたものの、残念ながら彼女からは、それ以上M損保の内情を聞くことはできませんでした。

保険の自由化がもたらした出し渋り

どうして損保はかくも出し渋りをするのか。その原因の大もとは、一九九八年の保険の自由化にあります。

保険というものは、めったに起きないが、万一起きたときの損害を補填するために作られています。被害者は事故で甚大な損害を被り、加害者は莫大な賠償金の負担を強いられます。保険会社はお客様（契約者）から少ない保険料を集め、お客様のうちの誰かが実際に事故の被害に遭ったなら、みんなから集めたお金を保険金として補償にあてるという仕組みで成り立っています。

お客様から集める保険料の料率が、かつては各社一律でした。料率とは、保険金額に対する保険料の割合をいいます。ところが、一九九八年から外資系損保が日本の自動車保険市場に参入してくることになり、それに伴って、料率が自由化されました。契約内容ごとに損保が自由に保険料を決められる仕組みに変わったのです。

お客様の中には若者もいれば中高年の方もいます。統計的には、一般に若者の方が中高年よりも乱暴な運転をしがちで、事故も起こしやすいとされています。

地域によっても、事故発生率の高い地域と低い地域があります。

損保各社はこのような条件を細分化して、事故を起こす確率の少ない人、少ない地域については、より低い保険料に改定しました。

契約者としても、事故など起きないかもしれないのですから、保険料は安いにこしたことはありません。

そこで保険料の値下げ合戦が始まりました。

保険料を値下げするということは、損保にとっては、入ってくる保険料（保険料収入）が減ってしまうことを意味します。

少なくなった保険料収入の中でなんとか経営を維持していかなければなりません。となると、出す方を絞らざるをえないのです。

特に自動車保険は、火災保険、海上保険など各種ある損害保険の中でも主力とされる重要なものです。自動車に関する保険金の支払いをいかに削って利益を出すか。
これが損保各社に共通した経営戦略上の目標といえます。

懲りない不払い

二〇〇六年、ツーバイフォー住宅など、耐火構造をもつ住宅の火災保険料を、損保大手五社が適正額の約二倍もとっていた問題が新聞で報じられました。保険料のとり過ぎ問題のはじまりです。

それ以前に発覚していた保険金の不払いの問題は、金融庁の指導もあって、社内調査を進めるに従い、底なしの感を呈しました。二〇〇七年六月末の時点で、不払いは損保二六社、五〇万件、総額三五〇億円に及んでいます。

つまり損保は、収入となる保険料については、適正額の約二倍もとって、契約者に対しては、素知らぬ顔をし、支出となる保険金については、徹底的に不払いを決め込んできました。

私が得た情報によれば、不払いのためのマニュアルまで作っています。

こうまでして、顧客や被害者を軽視する損保は、「悪魔」と呼んでも決して過言ではあ

損保不払い 底なし

大手6社 倍増26万件

損害保険大手各社に26万件もの大量の保険金不払いが見つかった。顧客への保険金支払いという保険会社の基本姿勢を軽視してまで、保険の種類を競って増やしてきた結果、損保会社が保険金を払ったかどうかも確認できない最悪の「泥沼」に陥った。医療保険などの第3分野でさらなる不払いの発覚は必至で、損保業界の信頼回復への糸口は見えそうもない。
（西村安裕、野島淳）＝2面参照

特約複雑化 背景に
改まらぬ顧客軽視

「顧客の利便性を考えたつもりだったが、落とし穴があった」。29日の記者会見で、日本損害保険協会の会長も務める石原邦夫・東京海上日動火災保険社長は唇をかんだ。

同社の調査対象は272商品。調査項目は450通りにのぼった。調査システムの抽出漏れなどから、昨年9月に公表した約1万8千件に加えて、今夏までに2万7千件が新たに見つかった。

加えて今夏、自動車保険で、一つのけがに対して数種類の保険金が重なって下りる契約になっていたのに、一部しか支払われていなかったケースが発覚。調査の結果、これが1万8千件余りと大量にあり、不払い件数全体を押し上げた。

この保険金の「重なり」による不払いに気づかなかったのは他社も同じだ。大手6社すべてが今回、同じ不払いを新たに公表した。

「自動車保険市場は飽和状態に近く、契約増は難しい。売り上げの維持には商品単価が下がらないよう色々な保険を用意するのが一番だった」と大手損保幹部は言う。

ゴルフでホールインワンを取ると保険金が下りるなど、自動車保険とは本来関係ない特約が発売される「複雑化競争」の裏側で、保険金支払い態勢の整備は遅れた。

「支払いのための研修が不十分だった」「支払いシステムの手当てが遅れた」。29日に会見した大手のトップは口をそろえたが、納得のいく理由は語らなかった。

■ 損害保険大手各社の不払い件数 ■

	今回調査	昨年9月の最初の自主調査
東京海上日動	6万3143	1万7934
損保ジャパン	2万9651	2万7296
三井住友海上	4万6819	2万5091
あいおい損保	6万8395	2万9526
日本興亜損保	3万9522	2万2087
ニッセイ同和損保	1万4628	1万 290

〈注〉02年4月～05年6月の合計不払い件数。昨年9月は社によって数カ月、調査対象期間が異なる。

全体像なお不透明

昨夏の各社の自主調査に始まり、出口の見えない損保の不払い問題はいつまで続くのか。29日の会見では、各社のトップは「調査を徹底した」と繰り返したが、全体像はまだまだはっきりしないのが現状だ。

大手6社が公表したのはあくまで自主調査の結果。調査の基準や対象は各社に任されており、金融庁は今後各社からの聞き取りなどを経て、統一の基準で比較できるよう結果を精査する方針だ。

その結果、新たに不払いが見つかる可能性も残されている。あいおい損害保険の児玉正之社長は29日の会見で、保険の種類の「重なり」部分の不払いについて「一部はまだ調査中だ」と述べるにとどまった。

さらに、10月末には医療保険など第3分野の不払いについて金融庁に報告する予定だ。

同分野では、三井住友海上火災保険が1千件近い不払いを金融庁に指摘され、業務停止処分を受けている。他社は現在調査中だが、すでに複数の社が「同様の不払いがありそうだ」と明らかにしている。

大量の不当な不払いが新たに見つかることになれば、改めて各社の経営トップの責任が問われることになりそうだ。

● 2006年9月30日付朝日新聞

りません。
この不払いと保険料とり過ぎ問題で、大手損保の中には金融庁から業務停止命令をうけ、社長が引責辞任したところも少なくありませんでした。それなのに彼らは、いまなお不払いを臆面もなくつづけています。犯罪学の用語でいえば、損保は更生の意欲がほとんどない「常習累犯《じょうしゅうるいはん》」です。

だまる被害者・うるさい被害者

被害者には三つのタイプがいます。

1　損保から支払いを拒まれたとき、どうせ保険はそういうものなんだと諦めて黙ってしまうタイプ
2　ひどい、そんなばかなという思いから、弁護士に相談してみようとするタイプ
3　激しい言葉で猛然と担当者に喰ってかかるタイプ

です。

1のタイプはお勧めできません。これでは泣き寝入りであり、損保の思うツボです。2は賢明な行動です。

問題は3です。損保側の屁理屈で保険金の支払いを一方的に打ち切られたなら、誰だって怒鳴りつけたくなるでしょう。被害者の行動として猛然と抗議するのは当たり前です。ところがその抗議があまりにも強烈ですと、損保の担当者は対応を改善しようとするのではなく、弁護士に一任します。ガンガン責められると苦しくなり、「うるさい被害者だから私の手には負えません。弁護士委任案件にしていいですか」と上司に持ちかけるのです。

大方の場合、上司はOKを出すでしょう。

こうして弁護士へ委任したあとで、被害者がひきつづき担当者に支払いを要求した場合、どうなるか。

担当者は言います。

「この案件は弁護士に委任しましたので、うちの弁護士を通して言ってください。私では対処できません」

これは、被害者からの攻撃の矛先を損保ではなく弁護士に向けることによって、担当者が責任を回避しようとする常套手段です。

弁護士に委任すれば弁護士費用がかかります。そんなことをするくらいなら、被害者の立場に理解を示して、保険金の支払いを検討すればいいものを、弁護士費用は払ってもよいから、被害者へは払わない。これが損保の、実にせこくてあくどいところです。

太っ腹な課長・小心な課長

保険金の支払いを、被害者の立場にも配慮して、譲れる線まで鷹揚に支払いつづけるか、それとも上司の目を気にしながら極力出し渋りを決め込むか。

個々の事案について、担当者から相談を持ちかけられたとき、一次的な決済を下すのは、損保の中で課長とかサービスセンター長と呼ばれる人たちです。

太っ腹な課長にあたれば、「まあ、被害者の言うのも分かるから、もう少し払ってあげて、弁護士への委任はそれからでもいいんじゃないか」と提案するでしょう。小心な課長ですと、小ねずみのようにあたふたし、上司である次長の目を気にしながら、こう言うでしょう。

「うるさいんだったら、弁護士委任案件にしてしまえ。どうせ弁護士費用は俺たちが払うんじゃない。会社が払うんだから」

交通事故の被害に遭って、まだ二か月ぐらいしか経っていない初期段階で、被害者が相談に来ることがあります。

「早々と保険会社が弁護士をつけてきて、払えないと言ってきました。どうしたらよいでしょうか」

私は相談者に尋ねます。

「あなた、きつい口調で苦情を言いませんでしたか」と。

「言いました」

「やはりね」

文句を言いたくなるのは当然ですが、その言い方がきついと、藪をつついて蛇を出す結果になることを説明します。大方の被害者は思いあたる節があったとみえて、納得します。

損保側弁護士のがむしゃらさ

損保から依頼をうけた弁護士はどのような対応をするか。

弁護士だったら公正な目で事案を把握し、自分たちの苦境も分かってくれるのではないか。

そう考える被害者が沢山いらっしゃいます。これは甘い幻想です。弁護士には、「弁護士職務基本規程」というものがあります。その中で、弁護士は、依頼人の利益のために最善を尽くさなければいけないとされています。損保から受任した弁護士は、損保の担当者以上に強硬に支払い拒絶の態度に出てきます。

損保側の弁護士は、ある事案を単発で、全く面識のない損保から受任するということはありません。ひごろから特定の損保と取引関係にあり、毎月継続的に多数の案件を受任しています。依頼主はT損保であったりM損保であったり、両方かけもちであったりします。

そういう弁護士にとっては、損保は仕事をくれるお客様であり、「神様」なのです。神様の意向には逆らえない。だから損保側弁護士は、「がんばらなくちゃ」という思いから、むきになってかたくなに支払いを拒むのです。

若手とベテラン

損保側の弁護士にも、若手とベテランがいます。若手になればなるほど、損保の言いなりに、被害者に対してはけんもほろろの態度をとってきます。それは、本人が未熟であるため、損保に対する説得力を持ち合わせていないからです。

ベテランの弁護士になりますと、経験上落とし所というものが分かっています。どこを認め、どこを争うか、ツボを心得ています。損保としても、長年お世話になっているあの先生の指示なら、払わざるをえないという思いにかられます。

一口に損保側の弁護士といっても、若手かベテランかによって、概ねこのような違いがあることを被害者は知っておかれた方がよいでしょう。

ものごとには、原則があれば例外もあります。ベテランの弁護士の中にも、とりつく島もないような乱暴な口調で、被害者を非難する者がいます。

これはひとえに、その弁護士の性格が悪いといえます。

損保側弁護士のとる究極の一手

損保に弁護士がつき、弁護士が盾となって支払いを拒んでも、被害者によっては、その弁護士や損保に執拗な抗議をくり返すことがあります。被害者にとっては、治療費や休業損害を止められますと、治療も受けられず生活もできないといった事態に追い込まれます。

「私に死ねということですか」

そういう被害者の叫びを何度耳にしたか、分かりません。抗議したくなるのは当然でしょう。

その抗議を「うるさい！」と感じたとき、損保側弁護士は強硬な手段に訴えます。

被害者を「被告」として、裁判所に債務不存在確認請求訴訟を提起するのです。債務不存在確認請求訴訟というのは、「加害者が被害者に対して支払う損害賠償債務（つまり、賠償金）は金＊＊＊万円を超えては存在しないことを確認してください」という裁判です。

交通事故の裁判は、被害者が加害者を相手に起こすものではないか、と思われるでしょう。通常はそうです。しかし、被害者の要求額が法外で、とてもそんな巨額なお金を払う義務はないと損保側で考えた場合、自分たちの方から被害者を相手に訴えを起こすのです。

この訴訟は、被害者がヤクザや当たり屋のようなアウトローの人間のときに、相手を黙らせる手段として活用されてきました。しかし、善良な被害者で要求額が法外でないケースでも、被害者からの抗議封じのために利用されます。

訴訟を起こしてしまいますと、損保側弁護士は被害者から電話などが入っても、遮断することができます。

「言いたいことは、すべて訴訟の場で言ってもらいたい」と。

損保の担当者は弁護士に一任して責任逃れをはかり、弁護士は裁判所に舞台を移して自分を楽にするという寸法です。

このように開き直られますと、被害者としては、相手に苦情を連発することはできなくなります。弁護士をたてざるをえません。それを狙っているのです。

被害者の苦情を封じようとする作戦

債務不存在確認請求訴訟は、賠償金額を裁判所に決めてもらう訴訟です。

このような裁判が加害者側から起こされますと、通常は裁判官が被害者に対し、次のように促します。

「あなたが請求したい賠償金額を『反訴』という形で出してください」

反訴とは、原告から提起された訴訟（本訴）に対し、反撃となる訴訟のことです。

死亡事故でなく傷害事故の場合には、被害者の後遺障害等級が自賠責で決まり、すべての損害額を算定できる段階にきていないと、債務不存在確認訴訟はなじみません。被害者が治療を継続中で、治療費や休業損害、慰謝料などがふえつづける状況下では、金額が流動的で確定できないからです。

ところが、損保側弁護士（特に若手の弁護士）の中には、被害者が治療の真最中だというのに、強引に債務不存在確認請求訴訟を申し立てる者がいます。損害額をまだ確定できる段階にきていないことが分かっていながら、アクションを起こすのです。

なぜか。

それは、被害者を訴訟の場にひっぱり出すことによって、うるさい被害者を黙らせようという、ただそれだけの企みからです。

彼らは、法廷での早期解決をめざしているわけではありません。やかましい相手方（被害者）の法廷外での口を封じ、静かにほかの仕事に専念したい一心なのです。

ときには被害者の言動が不払いを招く

損保の強引すぎる法的手段についてお話ししましたが、ときには被害者側に問題があることもあります。

たとえば、所得税の確定申告をしていない自営業者の方がいます。つまり脱税です。そういう方が被害に遭ったとき、こんなふうにおっしゃいます。

「自分は＊＊＊＊の商売をしているが、実際の年収は一八〇〇万円を下らない。月収は一五〇万円以上はある。事故でまるまる一年間、仕事ができなくなったのだから、一八〇〇万円を休業損害として補償せよ」

休業損害と逸失利益（後遺障害が出たことによって、働く力が衰え、それによってもたらされる将来の減収分を現在価に換算したもの）を算定するためには、裏付け資料が必要です。勤め人なら会社から発行してもらう「休業損害証明書」とか、事故前年の「給与所得の源泉徴収票」です。自営業者の場合には、事故前年の「所得税確定申告書」です。

確定申告をしていなければ、確定申告書など、あるはずがありません。裏付け資料が全くないのに、年収一八〇〇万円を補償せよと言われても、保険会社が呑めないのは当然です。

脱税をしていた場合には、自分が悪いことをしていたのですから、交通事故に遭った際の休業損害や逸失利益は、諦めてもらうしかありません。

諦めろといっても、ご自分の希望する収入額の補償は諦めてくださいということであって、ゼロで我慢しろというわけではありません。

こういうケースであっても、本人が本当に商売をしていて、少なくとも平均賃金（厚生労働省の賃金統計である『賃金センサス』にもとづく年収）くらいは稼げる見込みがあれば、その金額をベースに休業損害や逸失利益を算定してもらえる可能性があります。

治療の引き延ばし

追突事故の被害者の中で、二年も三年も病院に通う方がいます。追突事故といっても、ノーブレーキのダンプカーに追突されたケースから、ミニバイクにコツンとぶつけられたケースまでさまざまですから、二年から三年の治療が一概に不当だとは言い切れません。追突によって、頸椎捻挫だけでなく脳脊髄液減少症などをひき起こしますと、治療が長期化するのはやむをえないところです。

しかし、頸椎捻挫だけの傷病名で、自律神経症状（眼のかすみ、耳のつまり、手足のしびれ、吐気、動悸、発汗、顔面紅潮など）が延々とつづき、いつまでも「症状固定」にしない方がいます。このような症状を不定愁訴といい、「バレー・ルー症候群」などでよくみられます。

ふん切りが悪いと思われても仕方ありません。故意に治療を引き延ばすことを「遷延治《せんえんち》療《りょう》」といいます。「遷延治療」と判断されますと、損保は自分たちが妥当と考える期間で、治療費や休業損害の支払いを打ち切ろうとします。

治療の打切りに対し、被害者が強いクレームをつけますと、損保側が弁護士に委任するというパターンになります。

新車を買って返せ

買って日の浅い新車同然の車を壊された場合、「新車を買って返してくれ」という方がいます。ドライバーの心情としては、ぶつけられたような車には、縁起でもないからもう乗りたくないということでしょう。

損害賠償の実務では、これも無茶な要求とされます。

たとえば、七〇〇万円で買った高級車を、納車の三日後に破損させられたとしましょう。修理費は二〇〇万円です。その場合、二〇〇万円を払えというのは筋が通りますが、事故車をあげるから、同じ車を買ってよこせという主張は通りません。破損した車の損害は、修理費だからです。

長い年月乗っていて、ポンコツになっていた車を壊されたらどうなるか。

こういうケースでは、車の時価より修理代の方が高くつくことがあります。事故当時の時価は三〇万円だが、修理すると一〇〇万円かかるといったケースです。

この場合には、車のもともとの価値自体が三〇万円だったわけですから、車の損害は修理費ではなく時価額を限度とされます。車がメチャメチャになって修理不能と評価される状態を「物理的全損」と呼ぶのに対し、このようなケースを「経済的全損」と呼んでいます。

被害者の中にはこの理屈を理解せず、がむしゃらに時価より高い修理費を要求したり、中古車市場で自分の車と同等の車を買って届けよと要求する人がいます。

被害者の無理解が余計な争いを招く一例です。

恐い目に遭ったサングラス

女性の被害者からもよく相談が寄せられます。

物損について、切羽詰まった口調で電話してきた二〇代の女性がいました。

「追突事故をうけまして、車のトランクが壊されたんです。修理はしてもらったんですが、納得できないんです」

「満足のいく修理をしてもらえなかったということですか」

私の秘書が尋ねました。

「いえ、車の方は完璧に修理をしてもらえたんで、いいんです。六万円で」

「ということは、それほど大きな被害ではなかったわけですね」

「とんでもない。重大な被害です」

「お怪我をされたわけですか」

「いえ、広尾のあるお店の前で車を停め、私が車から降りたあとに、後ろの車にぶつけられましたので、怪我はしていません」

「としますと、何が問題なんでしょうか」

「サングラスです」

「サングラス？」

「ええ、トランクに入れておいたサングラスです」

「壊れたんですか」

「壊れはしなかったんです。でも恐い目に遭ったんです」

「いくらのサングラスですか」

「九〇〇〇円ぐらいです」

「それで、どうなさりたいということでしょうか」

「慰謝料を払ってもらいたいんです。恐怖の慰謝料を」

「サングラスが恐い目に遭わされたことによる恐怖の慰謝料ということですか」

「そうです。愛用のサングラスだったんです」

「……いくら請求したいんでしょうか」

秘書がおそるおそる訊きました。

「五〇万円です。これって、当然、請求できますよねぇ」

「………」

返答に苦慮している秘書の心情が、パーティションを通して、弁護士室にも伝わってきます。

「相手の損保は払わないって言うんですよ。人の車にぶつけといて、それはないでしょ、って言ったんです。あなた、弁護士秘書だったら、これくらいのこと分かるでしょ？」

「……いえ、私は弁護士ではありませんので、何ともおこたえ致しかねますが、……ちょっとこのままお待ちください。加茂に確認致しますので」

秘書は電話を保留にして、どうこたえるべきか私に尋ねます。

「サングラスの慰謝料を要求するなんて、常軌を逸している。『それは請求できない』とはっきり伝えて、お断りしてください。あまりしつこく言ってくるようだったら、『加茂の微力ではお力になれない』と」

「かしこまりました」

秘書は、私の指示したことを先方に伝えました。しかし、相手の女性はなかなか納得せず、それからも一〇分余り、食い下がっていました。「どうしてサングラスの慰謝料を請求してはいけないのか」これが彼女の疑問です。人身被害には慰謝料が認められても、物損には慰謝料は認められません。

そのことを秘書が説明しても、女性は理解を示しませんでした。

こういう無謀な主張を執拗に損保にぶつけますと、債務不存在確認請求訴訟を起こされるのは時間の問題です。

第3章 どこまでは出て、どこを超えると出ないのか

むち打ちは一か月、三か月、六か月が目安

保険会社が「出さない」「払わない」といっても、特殊な場合を除き、一円も払わないというわけではありません。少しは出します。ではどこまでは出して、どこを超えると出さないか。

そのおよその基準をお話ししましょう。といっても、そんな基準が自動車保険約款に書かれているわけではありません。長年、損保の担当者との交渉の過程でつかんできた私自身の感覚と、整形外科医の文献上の見解を統合してお話しするものです。

追突事故の場合、被害者はむち打ち症（正しくは「頸椎捻挫」「頸部捻挫」など）になります。

衝撃の度合にもよりますが、損保は治療期間として、一か月、三か月、六か月を目安にしようとします。軽微な追突なら一か月から三か月まで、ふつうの追突なら六か月までが治療費などを支払うリミットです。

むち打ち損傷は、「受傷後三か月までの間に九割前後の患者が治る」ということが、一部の整形外科医からも指摘されています（森健躬監修『鞭打ち損傷ハンドブック』、日本

損害保険協会)。

同意書にもとづく医療調査

そんなことを言われても、被害者の中には、さらに治療をつづけたい人もいるでしょう。

うむを言わせず治療費をストップするために、損保はどういう手を使うか。

受傷直後、病院への治療費支払いの前提として、損保は被害者から「同意書」というものをとりつけます。これは、医療機関に対して、損保の社員や委託をうけた調査会社の者が、患者の症状について照会をし、回答をうることについての「同意」です。被害者の医療情報というものは、プライバシーに関わるうえに個人情報にあたるため、本人の「同意」が必要なのです。

「同意書」を入手している損保は、三か月目に入ると、医療機関に調査会社の者をさし向けます。

そして、こう尋ねるのです。

「被害者の＊＊さんの症状はいかがでしょうか」

医師はこたえます。

「この患者さんの場合は、まだ痛みやしびれを訴えていますので、当分、通院してもらう必要があるでしょうね」

「いつごろ『症状固定』になりそうですか」

「そんなこと分かりませんよ。患者には個体差があるんですから」

「でも先生の長年のご経験で、あと一月《ひとつき》とか二月《ふたつき》とか、およその目途はつくんじゃないでしょうか」

「そうねぇ。あと二月ってところかなぁ。その場になってみないと、何とも言えないが」

医師は患者の立場を考えて、曖昧にこたえます。

これを調査会社の者は、「調査報告書」にまとめる際、次のように改変します。

「担当医に面談して、被害者の『症状固定』の見込み時期を尋ねたところ、面談日から二か月後（すなわち、＊＊年＊月末ごろ）との回答であった。

被害者の症状は軽快に向かっており、担当医のいう＊＊年＊月末ごろが治療費打切りの目安ではないかと推定される」

なぜこのように歪曲させるか。

それは調査会社の者にとって、お得意様である損保の担当者に気に入られるようレポートを書いた方が、商売上有利だからです。

損保の担当者は、このいいかげんな調査報告書にもとづき、＊＊年＊月末になると、治療費の支払い中止に踏み切ります。

理由を訊かれれば、こうこたえます。

「担当医が＊＊年＊月末には『症状固定』だと断言したからです」

医師が患者の症状に即して、曖昧にこたえた内容を、調査会社の者は、かなり明確に述べたかのようにすり替える。それを読んだ損保の担当者は、「調査報告書」の内容が歪曲されていることをうすうす気づいていながら、医師が断言したかのように読み替えて、支払い拒絶の根拠にする。

これが損保の担当者たちの手口です。

「同意書」など出さなければよいと思われる方もいるでしょう。確かにそうなのですが、被害者が「同意書」を出さないと、損保は最初から治療費の支払いに応じません。だから被害者は、「同意書」を出さざるをえないという事情があります。

主婦の休業損害は一日一万円弱が当然

仕事を休んで給与をカットされた場合とか、自営業者が受傷により減収を招いた場合の損害を休業損害と呼ぶことは、前にお話ししました。

休業損害はどのように計算するか。

サラリーマンの場合には、「休業損害証明書」という用紙に、休んだ日数と減額された給与額を勤務先で書いてもらいます。自営業者の場合には、事故前年度の所得税確定申告書と診断書の治療日数にもとづき、休業損害を算定します。

主婦も、家事労働ができなくなった分を金銭に換算して、休業損害として請求できます。家事労働は何をベースに算定するか。

厚生労働省は、毎年、「賃金センサス」という賃金の統計を刊行しています。これには、男女それぞれに年齢計（全年齢）、年齢別、学歴計、学歴別などの区分があります。

主婦の場合、最高裁は女子労働者の全年齢平均賃金を基礎とすべし、と言っています（最高裁昭和五〇年七月八日判決）。女子のすべての年齢層の給与及び賞与額を平均した全年齢平均給与はいくらかといいますと、年度によって若干のちがいがあるものの、概ね三五〇万円前後です。たとえば、平成二〇年の場合には、三四九万九九〇〇円となっていま

す。これを日収に換算しますと、

三四九万九九〇〇円÷三六五日＝九五八八円（一円未満切捨て）

で、九五八八円ということになります。ほぼ一万円弱です。

主婦の休業損害はこの金額で算定すべきです。しかし、損保は、第一回の提示ではこの単価で計算してきたためしがありません。損保の提示は、一日五七〇〇円です。五七〇〇円というのは、自賠責で採用している休業損害の基準額です。

被害者に対し、金額を提示してくる損保は、加害車両の任意保険会社です。多くのケースでは、限度額無制限の対人賠償保険がつけられています。任意保険というものは、被害者の実損に合わせて補償するのが建前であり、自賠責で補償できない分を補填するのが基本です。したがって、自賠責の基準額に任意保険が拘束されるいわれはありません。むしろ、自賠責の額より高く提示するのが、本来の任意保険のあり方です。

それなのに、任意保険の担当者は、最高裁判例を百も承知していながら、そんなものどこ吹く風で、自賠責基準の五七〇〇円で提示してきます。

これについて説明を求められたとき、任意保険の担当者はこう言います。

「いやぁ奥様、主婦の方の休業損害というものは、一日五七〇〇円ということに決まっているんです。保険の基準でそうなっているものですから、私どもとしましても、それ以上は出したくても出せないんです」

「そういうものなんですか」

「はい。そうなんでございます」

丁重な物言いでそう言われますと、多くの女性は納得してしまいます。

こういう話を法律相談で被害者から聞かされるたびに、またかと私は思います。

損保の担当者は、一般の方が保険の仕組みを知らないのをよいことに、主婦の被害者を騙そうとしているのが見え見えです。《どうせ女性は、五七〇〇円が保険の決まりだと言えば、そんなものかと諦めるにちがいない。》

損保に中途採用された中高年の担当者の場合、特にこういう心理が透けてみえます。損保、共済は、他の企業や官庁、団体などを中途退職した中高年を多数採用しています。中高年の雇用促進という面では、損保は社会に貢献しているのですが、残念ながらそういう人たちが被害者と接する場合の言葉遣いという点になると、言葉の端々に棘《とげ》を感じるのです。もっとも棘を感じるのは、私が損保の体質を知っているからでしょう。損保は損保なりに彼ら中高年者に対し、極秘の不払いマニュアルを配付して、言葉はいたって丁重に、支払いは極限まで残酷に、を徹底教育しているのにちがいありません。

入通院（傷害）慰謝料の正当な基準

被害者が治療のため、入通院をするのは苦痛です。その苦痛を金銭で慰めるのが、入通院（傷害）慰謝料です。

これには、自賠責保険、任意保険、弁護士会のそれぞれの基準があることは、四九ページでもご説明しました。任意保険の基準は各損保が独自に設定していて、公表はされていません。私は数社の傷害慰謝料表を照合しましたが、金額に変わりはありませんでした。たぶん、どこも同じなのでしょう。

一例をお示しします。

自賠責保険　最高三七万八〇〇〇円以下　　　最高一五一万二〇〇〇円以下
（三か月通院の場合）　　　（三か月入院、九か月通院の場合）

任意保険　三七万八〇〇〇円　一三一万円
弁護士会　七三万円　二二六万円

右の例では、任意保険基準が自賠責基準と同額か、またはそれを下回っています。入院六か月だけで通院がない場合には、自賠責保険基準七五万六〇〇〇円、任意保険基準一二八万五〇〇〇円、弁護士会基準二四四万円となり、自賠責より任意保険の方が高くなります。任意保険は、自賠責で足らない分を支払うという理念からすれば、任意保険が自賠責より低い場合があるなどというのは、許されることではありません。

弁護士会基準は自賠責保険基準の一・五倍から二倍です。

被害者は、弁護士会基準の慰謝料を請求して何ら問題はありません。

これに対し、損保はどの基準で回答するか。

弁護士会基準で回答することはまずありません。任意保険基準か、または自賠責基準で提案してきます。

自賠責の基準とは、治療一日当たり四二〇〇円という決まりです。ですから、治療期間が三〇日であれば、ごく単純なケースでは

四二〇〇円×三〇日＝一二万六〇〇〇円

となります。

加害者側の任意保険会社は、どうして弁護士会基準で提案しないのか。

それはひとえに、保険金を払いたくないからです。

任意保険会社は、自賠責保険から支給されるべき分を一括して窓口となります。「一括払い」といいまして、自賠責保険から回収するとき、自賠責では基準が決まっているため、一日四二〇〇円の割合でしか回収できません。つまり、任意保険会社は、将来自賠責保険からいくら回収できるかを計算に入れ、できる限り自社の懐が痛まないようにするため、回収できる金額の範囲内で被害者に提示しようとするのです。うまくいけば、事情を知らない被害者は自分たちの計略にはまり、示談に応じてくれます。バカな被害者なら騙されてくれるだろう。そういう思惑があるからです。

ある女性被害者が治療継続中のとき、将来の慰謝料はどのように算定してくれるのかと訊いたところ、相手の損保はやはり一日当たり四二〇〇円とこたえました。

「それは自賠責の基準の額でしょ？　弁護士会の基準はもっと高いと、ものの本には書いてありましたが？」

こうさし向けると、相手の担当者は言いました。

「じゃ、その点は示談のときに考えましょう」

数か月後、示談交渉の段階にきて、同じ担当者から郵送された「損害賠償額計算書」を見て、彼女は目を疑ったといいます。入通院慰謝料をもっと高く算定してくれたのかと思いきや、一日当たり四二〇〇円ではなく、それより低い一五〇〇円で計算してあったのです。

彼女は、かなり聡明な女性でしたから、激怒したことは言うまでもありません。

彼女がクレームの電話を入れても、担当者は「それしか出せません」の一点張りで、とうとう居留守を使って、電話にも出なくなったといいます。

自賠責保険金の限度額を定番とする損保の悪辣さ

五五ページでも触れたように後遺障害が出た場合、自賠責ではその等級を決めます。一番重い一級から一番軽い一四級まであります。

追突事故でむち打ち症になった場合などは、等級を認定されたとしても、せいぜい一四級止まりです。症状が軽ければ「非該当」ということになり、後遺障害としては認定されません。

後遺障害の損害には、後遺障害逸失利益と後遺障害慰謝料の二つの項目があります。逸失利益というのは、後遺障害が出たことによって、労働能力が事故前より衰え、それによって将来招くであろう減収分のことです。「将来の得べかりし利益」などと呼ばれています。

一方、ここでいう後遺障害慰謝料は、先ほどの入通院（傷害）慰謝料とは別口で、後遺障害が残った不自由な体をおして、今後生活していかなければならないという苦痛を金銭で埋め合わせるものです。

一四級の場合、自賠責保険からは、逸失利益と慰謝料を合算して七五万円が支給されます。

ところで、弁護士会基準によれば、一四級の場合、後遺障害慰謝料だけで一一〇万円、逸失利益は、その人の年収に応じて五〇万円から一〇〇万円以上が見込まれます。両方を合算しますと、一六〇万円から二〇〇万円以上になります。自賠責から支給される七五万円はこの一部というわけです。

任意保険の損保が一四級の被害者に後遺障害の損害分として提案するとき、どのように言うか。

彼らは決まって、七五万円と言ってきます。

任意保険なんですから、被害者の年収に応じて、逸失利益と慰謝料を算定し、百数十万円を提示してきてもよさそうなのに、そうはしません。

これも、被害者が保険の実情を知らないのにつけこみ、自賠責保険から回収できる七五万円だけでチャラにしようと企んでいるからです。

一四級のケースだけに限ったことではなく、一二級であれ一〇級であれ、要するに彼らは、その等級に応じて自賠責から支給される金額（一二級なら二二四万円、一〇級なら四六一万円）、イコール自分たちの提示額にしてきます。

こういうところにも、任意保険会社の計算したずるさが感じられます。

還暦に近い宮下さんという男性が、私の事務所を訪ねてきました。見てもらいたいものがあると言って取り出したのは、示談書でした。

二五歳になる息子さんが、交差点をバイクで直進中、対向から右折してきた乗用車にぶつけられ、大けがをしました。診断書には、脳挫傷、肝破裂、腎挫傷、肺挫傷、無気肺、右上腕骨骨折、左大腿骨骨折、左肩挫傷といった傷病名が列挙されています。

この方の後遺障害等級は一二級と認定されました。

最近、総額五〇〇万円で示談が成立し、T損保から示談金も払われたといいます。

では、いまさら何のために私の事務所へ来たのか。

「示談金をもらってから、ふと不安にかられましてね。私がずっとT損保と交渉してきたんですが、親として息子のために十分なことをしてやったのか、この金額で本当によかったのかと、そんな思いがよぎったものですから、念のため、先生に示談書を見ていただきたいと考えまして」

彼の説明によれば、未払いとなっている損害額は、入通院慰謝料、後遺障害逸失利益、後遺障害慰謝料の三項目です。息子さんには一五%の過失があったと考えられ、総額から一五%をさしひくということでは、早い時点から双方が合意していました。バイクが直進、相手は対向からの右折車ですから、過失割合の認定基準にてらしても、バイク一五%、乗用車八五%は妥当な線です。

T損保側の当初の提示額は二六七万円だったそうです。それが交渉の結果、四一五万円に増額され、彼が五〇〇万円にしてくれませんか、と言ったところ、T損保が彼の要求を呑んでくれたといいます。

当初の二六七万円からみれば、約二倍近くに増額されたわけですので、彼としては、よかったと胸をなでおろしたといいます。

しかし、私が見たところ、かなり問題がありました。

はめられた!

まずT損保の一回目の提示額は話になりません。入通院慰謝料が極端に低いうえに、後遺障害逸失利益と後遺障害慰謝料は合算して二二四万円しか認めていませんでした。前述した通り、これはT損保が、自賠責保険のS損保側から後日回収できる予定額です。自分の懐が痛まないように仕組んでいます。

二回目の提案ではどうか。

息子さんは二年八か月余りも治療をうけました。入院は二か月半、その後実際に通院した日数だけでも約二〇〇日になります。これだけ長期の治療を要した場合、入通院慰謝料は一七〇万円から二〇〇万円は認められるべきですが、T損保では二回目の提示でも一四〇万円しか認めていません。

次に逸失利益です。後遺障害等級一二級の場合には、労働能力は健康時より一四%衰えるとみるのがふつうです。月収一〇〇万円の方であれば、八六万円しか稼げなくなり、一四万円収入が減るという推定です。このパーセンテージを労働能力喪失率といいます。後遺障害等級一四級の場合には、労働能力喪失率は五%とされています。息子さんの場合には、後遺障害等級が一二級でしたから、労働能力喪失率を一四%として計算すべきであるのに、T損保では一四級相当の五%で計算しています。逸失利益を意識的に低く見積もったのです。

後遺障害の慰謝料の算定にも問題がありました。一二級の場合、日弁連交通事故相談センター東京支部の基準によれば、後遺障害慰謝料として二九〇万円は認められるものです。ところがT損保では二回目でも一二九万円しか認めていません。われわれ弁護士が被害者サイドにたって考えた場合、この金額は低すぎます。弁護士会基準の半分以下にすぎませ

●損害額対照表

損害項目	T損保(1回目)	T損保(2回目)	筆者の試算
(1)入通院慰謝料	¥ 900,000	¥1,400,000	¥ 1,700,000~ ¥ 2,000,000
(2)後遺障害逸失利益	(2)(3)合計で ¥2,240,000	¥2,200,000	¥ 7,180,000~ ¥10,040,000
(3)後遺障害慰謝料		¥1,290,000	¥ 2,900,000
(1)(2)(3)合計	¥3,140,000	¥4,890,000	¥11,780,000~ ¥14,940,000
上記(1)(2)(3)のほか治療費、休業損害など、すべての損害を合算した金額より15%過失相殺して、既払金を控除した金額	今後の支払額として、¥2,669,000を提示	今後の支払額として、¥4,156,500を再提示	今後の支払額としては、最低¥10,000,000以上が妥当

ん。

T損保が出してきた算定額と私が計算しなおした額とを対比しますと、上に掲げた「損害額対照表」のようになります。

「五〇〇万円の示談金はあまりにも安すぎます。正当な額の半分にすぎません。一〇〇〇万円もらってもおかしくはなかったでしょう」

T損保の算定と私の算定とを対比したメモ書きを宮下さんに渡したところ、彼は愕然としました。T損保の担当者は、弁護士会基準なら一〇〇〇万円を優に超えることを百も承知で、一回目に二六七万円を提示してきたのです。賠償金の相場を知らない被害者の無知につけこんで、彼を騙したとしか思えません。

おそらくT損保の担当者や上司は、四一五万円という二回目の提示額に対して、宮下さんから「五〇〇万円にしてくれませんか」という要求をうけたとき、内心ほくそえんだことでしょう。弁護士が介入すれば一〇〇〇万円以上払わされるところを、五〇〇万円で被害者がOKすると言ってくれたのですから、渡りに舟と考えたにちがいありません。

評価損も出ないのがフツー

事故で車が損傷した場合、修理代と車両時価額との安い方が認定されることは七七ページで述べました。

もうひとつ忘れてはならないのは、評価損（格落ち損）というものです。車両を修理に出し、外観上は完璧に修理できたとしても、専門家が見れば修理の痕跡が残ります。これにより事故を起こした車であることが分かります。

中古車市場に出した場合、事故歴のある車はそうでない車に比べ、値が下がってしまいます。この評価額の減損を評価損といいます。

では、評価損はどのようにして決めるか。

事故前にたまたまその車を売りに出していて、事故の前後で売値を比較できれば、その差額が評価損と一応は考えられます。しかし、そういうケースは稀です。

裁判所では、通常は修理費を目安に、その三〇%程度を評価損として認定しています。ベンツやＢＭＷ、ジャガーといった高級外車の場合には、そのパーセンテージが高くなりがちです。購入後まもない車の場合には、修理費の五〇%まで、評価損を認めることがあります。

評価損が認められるのは、新車登録後三年未満ぐらいのケースで、長年乗り回していた車には、なかなか認められません。

またほとんどが自家用の乗用車に限られます。タクシーやバス、トラックといった営業車には認められていません。

損保は被害者から評価損の請求をうけたとき、どう対応するか。

「評価損は出せません」

こう言うのが、決まり文句です。新車購入後一週間しか経っていないような場合ですら、そうです。ポンコツならいざ知らず、まだ新車同然で、理論上は当然評価損が発生すると思われるケースでさえ、損保はそれを認めようとしません。

評価損は車の価値の下落であり、中古車市場に売りに出さない限り、顕在化しないという事情もあります。

「お売りになる予定もなかったようですし、被害者に実損が生じたわけじゃないですからいいじゃありませんか」

これが損保の言い分です。

私は損保の担当者に反論します。

「いつ売りに出すかは被害者の自由です。いま売りに出さないからといって、車の経済的価値自体が下落したのだから、それ自体が損失ではありませんか。あなたはもし自分の新車がぶつけられ、評価損が数十万円は発生したと考えられるとき、車を売りに出さないから目をつぶるといえるんですか」

担当者は黙ってしまいます。

物として扱われるペット

空前のペットブームを反映して、犬や猫を家族同然にかわいがる人がふえています。

一家四人と一匹の犬をワゴン車に乗せて旅行に出た家族がいました。途中、追突事故に遭い、犬が死んでしまいました。

犬は三歳の、血統書付きヨークシャーテリアです。愛犬を喪った一家の悲しみは、筆舌に尽くしがたいものでした。

愛犬の死はどう評価されるか。

犬に限らず猫も、動物はすべて物損としてしか評価されていません。したがって、その犬、猫の買値が、動物たちの生命の値段です。

これに飼主への慰謝料が認められることがあります。その額は五万円から一〇万円といったところでしょう。

ペットを家族の一員として扱うという意味でのコンパニオン・アニマルという概念が滲透してきたこともあって、最近、飼主の慰謝料も増額される傾向にあります。

出る保険金もある

保険金が出ないというお話をしてきましたが、なかには比較的すんなり出る保険もあります。すんなりといっても、あくまでケースバイケースでして、ひと悶着あるかもしれないと覚悟しておいた方が無難です。

①搭乗者傷害保険

車に搭乗中に事故で怪我をしたとき、一日当たり金＊＊＊円、後遺障害が出たときは、等級に応じて金＊＊＊万円というように、予め契約した定額が支給される保険です。

この保険金は加害者側の保険会社が出すものではありません。被害者が契約していた損保から支給されます。

②自損事故保険

自分の運転ミスで、ガードレールや電柱にぶつかるなどして、怪我をしたときに出る保険です。これも被害者の契約先損保から支給されます。

③人身傷害保険

被害者と加害者側損保との交渉は、いつも揉《も》めます。満足に保険金は出ません。
そこで、そのイライラを解消するため、被害者が契約していた自分の損保から、自分の人身傷害分を補償してもらうというのが、この保険です。治療費や休業損害、慰謝料など通常の損害項目がすべて支給の対象になります。支払い基準は、ほぼ自賠責の基準に準じています。

加害車両に付保されている対人賠償保険と被害者が自分でつけていた人身傷害保険が競合したときはどうなるか。

被害者に過失がある場合、加害者側の損保は、最終的に被害者の過失割合分をカットして支払います。といっても、その過失割合をめぐって大揉めに揉めるのですが。

分かりやすくご説明するため、過失割合について、たとえば被害者三〇%、加害者七〇%で決着する見通しだとしましょう。

その場合、被害者の正当な総損害額が一〇〇〇万円だとします。加害者側は七〇%の七〇〇万円を被害者に支払います。支払われない被害者本人の過失割合分三〇%に相当する三〇〇万円は、自分の人身傷害保険から補塡を受けられます。ただ被害者側の人身傷害保険からの支払いと、加害者側の対人賠償保険からの支払いの先後によって、扱い方が変わり、得失が生じることがあります。この点は学説も分かれています。それぞれのケースごとに、まず自動車保険約款を確認することが必要です。

被害者に過失がない場合には、全額を加害者側損保が補償すべきですが、再三お話ししてきたように、まずすんなりとは払われません。そんなとき、被害者は自分の人身傷害保険に請求し、補償をうけることができます。保険金を支払った被害者側損保は、その金額を加害者側損保に求償するという手順になります。

ときには、加害者側損保と被害者の人身傷害保険の損保が同一で、被害者の過失割合に関係なく、その損保は被害者に一〇〇％を補償しなければならないことがあります。

このように、過失による減額の主張（これを「過失相殺《かしつそうさい》」といいます）が成立しないとなると、損保は、被害者の損害額自体を減少させようと躍起になります。

こっちがだめなら、あっちで攻める。保険金の不払いのためなら、手段や理屈を選ばない。

これが損保のやり口です。

保険金が払われない場合をチェック

保険のパンフレットには、こういうケースに保険金が出る、こんなケースも大丈夫、といった具合に、いいことばかりが紹介されています。

これに対し保険金が出ない場合は、載ってはいるものの、詳細は書かれていません。保険に入る場合には、むしろどういうケースだと保険金が出ないかを、確かめる必要があります。そのためには、その保険の約款の「免責規定」というのを予め見せてもらい、当てがはずれたということがないようにするのが賢明です。

ある保険に入るため、出る場合と出ない場合の詳細を知りたいと思い、損保の契約の窓口に電話したときのことです。

「そういう細かなことは教えられません」

担当の女性は言いました。

「それじゃ、保険の内容が分からないじゃないですか。保険会社には契約者に対し、説明義務というものがあるんですよ。あなた、そのことを分かって言っているんですか」

「………」

「ともかく、保険約款を予め見せてほしいんです。送ってくれませんか」

「いえ、約款は保険にお入りいただいた方にしか渡さないことになっているんです」

それを聞いて私は、ここの損保は詐欺集団みたいなものだと思いました。契約というものは、お互いに契約内容を十分理解して、合意できると判断したとき、契約書に調印するものです。一方的に保険に入らせ、保険料だけ徴収しておいて、いざ事故が起きたら、「実はうちの約款の免責規定で、お客様のケースは保険金が出ないことになっています」などというのは、だまし討ち以外の何ものでもありません。

営業担当者がこんなことを言う損保は、もちろん、相手にしないことです。

第4章 きちんと出させるには「出るところへ出る」

力の差を知る

これまで損保のあくどさを、手を替え品を替えてお話ししてきました。

ここからは、そういう損保に対し、一般の被害者である個人がどう対決していけばよいかをお話しします。

まず最初にどうしても知っておいていただきたいのは、損保と一般人との圧倒的な力の差です。

その力とは、知識であり戦略であり、経済力です。

損保の担当者は、自動車事故の査定を仕事にしているわけですから、知識が豊富です。自賠責保険や任意保険の知識は当然のことですが、判例や裁判所の動向（たとえば東京地裁交通部の考え方）まで仕入れています。これは担当者本人が文献を読んだりして勉強することもあるでしょうが、膨大な事件を弁護士に委任することによって、弁護士から学んだ知識も沢山あります。ＯＪＴ（オン・ザ・ジョブ・トレーニング。仕事をしながら、職場訓練を積むこと）による知識の集積です。

それにひきかえ、ある日突然、事故の被害に見舞われた個人の方は、保険のことなど何も知りません。

知識量の差はすぐ賠償金にはねかえります。

戦略の差

次に戦略の差です。

損保は、訴訟になったら自分たちの主張は通らないことを百も承知のうえで、どうしたら保険金の支払いを低く抑えられるか、どのように説得したら、被害者は泣き寝入りしてくれるか、それればかりを日夜、考えます。

たとえば、症状が出て苦しんでいる被害者が、病院での治療を継続しているとき、事故から三か月、または六か月で強引に治療費の支払いを中止したりします。もし被害者が本気で治療をつづけ、ゆくゆく訴訟に持ち込まれたなら、中止したあとの治療費も結局、損保にツケが回ることを、彼らは知っています。

それでも強引に治療費を切るのは、少しでも早く被害者の治療を終わらせたいという戦略があるからです。早期の治療終了が、損保にとってどんなうまみを生むのでしょうか。

まず治療費の支払いを止められますと、多くの被害者は困ります。病院の医師も怒ります。

被害者は仕方がないから健康保険診療に切り替えるか、または早々に「症状固定」の後遺障害診断書を医師に書いてもらって、後遺障害等級の認定を求める方向に動きだします。等級が決まれば、賠償金を決める示談交渉に進めるからです。

病院側は損保に治療費の支払いを止められますと、それまで自由診療として払ってもらっていた患者（被害者）の治療費が払われなくなります。自由診療ですと、医療機関にとっては、健保診療の場合に比べ、同一の診療でも二倍の医療費をとれます。そのうまみが突然なくなるのです。

そうすると、医師としても患者に対し、こんなふうに勧めます。

「そろそろ『症状固定』にしましょう。後遺障害の等級を認定してもらって、示談にもち込んだ方が、あなたの精神衛生面でも得策だと思いますから」

支払いを止めるのは、治療費だけに限りません。休業損害もしかりです。

休業補償の支払いを止められて生活できなくなった被害者は、一時金欲しさに早く示談をしたいという心理に駆りたてられます。

結局、損保が治療費や休業損害の支払いを止めるのは、被害者を経済的に逼迫させ、医師にも引導を渡すことによって、早期示談に追い込む効果があるからです。

損保は、サッカーの戦略をたてるのと同じように、将来を見越した被害者泣かせの戦略をたてているのです。

圧倒的な経済力の差

損保は大企業ですから、資金は潤沢にあります。それにひきかえ個人の経済力は貧弱です。

損保の横暴に被害者が強く抗議しますと、損保はすぐ弁護士を代理人にたてます。そういう弁護士と対等にわたりあうにはどうするか。

被害者も弁護士をたてなければなりません。一二三ページで述べる「弁護士費用担保特約」という保険に入っていれば、被害者が依頼する弁護士への費用も、三〇〇万円まで保険で補塡されますが、その特約をつけていない場合には、自腹を切るしかありません。

弁護士をつけて闘うことができない被害者は、損保の言いなりの安い示談金で泣き寝入りさせられる。これが損保の描くストーリーです。

損保は、被害者が経済的弱者で弁護士を頼む資力がないと思うと、示談に際し、次のように言います。

「保険ではこれ以上は出ないんです。そういう決まりなんですから。この金額でご納得いただけないなら、うちは弁護士をつけます。＊＊様も弁護士をつけられたらいかがですか。うちはいっこうに構いませんよ」

被害者に示談金を承諾させるための、損保の殺し（いじめ）文句です。

弁護士のみつけ方

被害者が弁護士をつけようとした場合、どのように弁護士をみつけたらよいか。

1　知人に信頼できる人を紹介してもらう。

2　インターネットで交通事故を専門にしている弁護士を検索し、良さそうな人にアクセスする。

3　交通事故関係の本を何冊か書店で拾い読みし、一番分かりやすくて信頼できそうな著者にアクセスする。

昔は、1が最も古典的な方法でしたが、いまでは2がポピュラーだと思います。インターネットが普及している現在、「交通事故 弁護士」または「弁護士 交通事故」というキーワードを入力すれば、該当する弁護士がたちどころに出てくるからです。

インターネットをされない方の中には、信頼できる知人や親族に、インターネットで調べてもらうというケースもあります。

専門外の弁護士

インターネットで上位にランクされる弁護士の中には、交通事故が専門ではない弁護士が多数含まれています。債務整理、過払金請求、不動産取引、離婚、相続、医療過誤、労働問題、果ては外国人問題といった数ある法律事件の一つとして、交通事故も扱っているというところが少なくありません。

私のオフィスにおみえになるお客様の中には、セカンド・オピニオンを私に求めてくる方もいます。

「依頼している法律事務所は、インターネットで交通事故も扱うと書いてあったので、お願いしたんですが、……担当の弁護士さんが交通事故に不慣れで、よく分かっていなかったんです。質問しても、すぐこたえがかえってこないのです。次に会ったとき、以前に聞いた説明とちがうことを言ったりもして、信用できなくなりました。……いま相手から出されている提示案で示談したらどうかと、その弁護士は勧めるんですが、金額が妥当なのかどうか、見ていただけませんか」

一般に、法律事務所の経営戦略として、できる限り集客したいと考えます。そのため、あまり自信がなくても、一応扱える分野はくまなく表示します。総合病院が二〇ぐらいの診療科目を列記しているのと同じように。

総合法律事務所でも、交通事故問題を重点的に扱っていれば問題ないのですが、そういう事務所はわずかです。どちらかといえば、他の法律問題に比べ、交通事故を扱う件数は少ないのが総合法律事務所だ、と考えた方が無難でしょう。

なぜ交通弁護士は少ないか

交通事故は日常頻繁に起きているので、交通事案は弁護士なら誰でもそつなくこなせるはずだ、と被害者の多くは考えます。

実際はちがいます。

交通事故は知的財産権などと同様、特殊な法律分野です。弁護士になる前の研修期間（司法試験に合格したあと研鑽《けんさん》する一年間の司法修習期間）でも、たまたま実務修習先でこの分野の事件を扱えば別ですが、そうでない限り勉強しません。もっと基本的な実務で学習しなければならないことが修習生には山積しているため、とても特殊分野にまでは手が回らないのです。

それに加えて、交通事案には、自動車保険という大きな壁があります。保険の仕組み、損保のスタンス、思惑、内情といったことは、損保側の代理人を長年務めた経験がないと（つまり損保の内側に入りこまないと）、一朝一夕に分かるものではありません。

そういうことは出版物に書かれているわけではありませんので、どんなに沢山の本を読んで学習しようとしても、内部事情にまでは理解が及ばないのです。

これが数ある法律事件の中でも、交通事故を特殊化している原因です。交通事案を専門とする交通弁護士が少ないのも、単に法律だけにとどまらず、自動車保険の仕組み、さらには損保の内部事情にまで精通しなければならないということが背景にあるからです。

損保側弁護士と地方の問題

私の事務所には、ときどき九州や中国地方、北海道や東北といった遠方より、泊りがけでおみえになる方がいます。

「わざわざ旅費を使って東京にまでお越しくださらなくても、地元の弁護士にご相談なされば足りるのではないでしょうか」

お電話いただいた際、御礼の気持ちを伝えるとともに、そうさし向けます。

「実は、地元の弁護士さんにも相談しました。自分の保険会社から紹介された方です。一応、相談にのってはくれたのですが、この案件は受けられないって言うんです」

「どうしてでしょうか」

「それが、ひごろ損保側の代理人として活動しているので、損保を敵に回すことはできないって言われました」

「その弁護士の方は、本件の加害者側のN損保の代理人をふだんしているわけですか」

「いえ、そうではないらしいんです。でも複数の損保の代理をしている手前、将来、この件のN損保からも依頼があるかもしれず、いったん被害者側の代理人として、N損保を攻撃すると、N損保から疎《うと》まれるのでいやだとおっしゃいました。地方は弁護士の方の社会も狭いんですね。ですから、そういうしがらみのない東京の弁護士さんにお願いしたいと思ったんです」

この方の話は、東京、大阪、名古屋といった大都市を除く、すべての地方都市の実情にあてはまります。

弁護士人口が増加したといっても、東京に比べれば、地方都市の弁護士の数は決して多いとはいえません。地方の弁護士は、お客様のニーズに合わせて、どうしてもあれもこれもと多種多様な事件を扱います。交通事故でM損保の代理人を務めていれば、損保間の情報交換などを通して、T損保、N損保というように、他の損保も依頼してきたりします。

加害者側の代理人を務める弁護士は、地方都市にも沢山いるのですが、反対に、被害者側代理人を専門とする弁護士はほとんどいません。もしかすると、稀にいるのかもしれませんが、被害者にはなかなかみつけられません。

地方の被害者の疑心暗鬼

いままでの私の経験から、地方の被害者が東京のオフィスまで出向いてくる要因として、もうひとつ、次のような心理が働いていると感じます。

地方の弁護士社会は、東京に比べたら狭い。このため、地方の弁護士同士はみんな顔見知りだと聞いている。そうだとすると、地元の弁護士に頼んだとき、知合いである加害者側の弁護士と、なあなあに処理されてしまうのではないか。それが心配だ、と。

「なあなあで処理するなどということは、まずないと思いますよ。それは弁護士倫理のうえからも問題ですので」

私は被害者の心配を打ち消します。

しかし、いくら私が否定してみても、被害者たちの頭を占拠したこの疑心暗鬼をぬぐい去ることはできません。

「いえ、先生が地元の弁護士さんをかばうのは分かりますが、私は『もしや、なあなあでやっているのではないか』と心配すること自体がいやなんです。

大事な息子を喪ったわけですので、加害者の弁護士の方とは一切人的関係のない東京の弁護士さんにお願いしたいんです」

「分かりました。遠方からお越しいただくのは恐縮ですが、それでは予約をお取りしましょう」

そう伝えますと、多くのお客様はほっとされます。

私は決して、東京の弁護士の方が地方の弁護士よりすぐれている、などと言うつもりはありません。地方在住の方の前述のような心配は、何も交通事案に限らず、医療過誤でも遺産相続でも、起こりうることです。

敵に塩を送る

車を持っている方は、大部分、自分の車に任意保険をつけています。その保険の中に、「弁護士費用担保特約」という特約があります。この特約は、すべての方がつけているとは限りません。つけていない方もいます。

仮につけていた場合、ご自分や場合によっては家族が被害に遭った場合、弁護士に頼む費用をこの特約の保険金から出してもらえます。といっても、大方は三〇〇万円までです。これとは別に、弁護士に相談したときの「法律相談料」も、一〇万円の範囲内でこの特約により支払われます。

「弁護士費用担保特約」は、被害者と加害者（つまり加害者側損保）との交渉が揉めることを想定し、その際、被害者は弁護士に依頼したくなるだろうから、その費用を保険で負担しましょうという趣旨で設けられました。揉める原因を作っているのは、支払いを極力抑えようとしている損保です。この特約は、保険金の出し渋りをしていることを、損保自ら認めた結果だといえます。

この特約の適用により、弁護士費用が担保されるケースでは、被害者は泣き寝入りをしなくてもすむようになりました。

ときおり奇妙なことが起こります。

たとえば、被害者と、加害者側損保であるA損保とが賠償金をめぐって大揉めに揉めたとします。被害者は、自分の車の任意保険に「弁護士費用担保特約」がついていることを発見し、その特約を使って弁護士費用を出してもらえることに思い至りました。自分が契約していた保険会社もA損保です。

この場合、A損保は、自分を攻撃する被害者の弁護士費用を払ったうえで、ゆくゆく賠償金も払うという奇妙な構図になります。損保にとっては、「敵に塩を送る」どころか、敵が強力な助っ人を雇うための軍資金を出すといった感じです。

損保が自分で定めた特約なんですから、文句は言えません。

内部規定で払わない弁護士費用

被害者が自分の契約している損保に「弁護士費用担保特約」をつけていた場合、たとえばT損保はすんなり支払いに応じるが、M損保はなんだかんだと言って、支払いを渋るというように、払いのいい損保とそうでない損保があります。

これが下位の損保になりますと、すべてではないにしても勝手な理屈をつけて、特約そのものを使わせないという態度に出ることがあります。

西浦さんという女性が、私に依頼しようとしたときのことです。業界では後発のS損保に、彼女は「日常生活弁護士費用担保特約」をつけていました。これにより、三〇〇万円までは、弁護士費用を補塡されるはずでした。

ところがです。彼女がS損保に弁護士費用の支払いを求めたところ、そこの女性担当者はこう言いました。

「うちには独自の基準があり、うちの基準に合わない費用はお支払いできません」

不思議に思って、私はS損保の自動車保険約款を取り寄せてもらいました。その中の弁護士費用担保特約の項目には、S損保の独自の基準にもとづいて支払うなどということは全く謳われていません。単純に「弁護士に委任することによって生じた弁護士費用、訴訟費用」を、「一回の事故につき、被保険者一名当たり三〇〇万円」まで払うと書いてあるだけです。

基準があると言いたいのなら、損保はその基準を約款に記載し、いざ事故が起きたときの弁護士費用がどういう基準で支払われるか、きちんと説明したうえで保険の申込みを受けませんと、アンフェアです。

なかには日弁連と提携し、とっくに廃止された旧日弁連報酬基準を弁護士費用としての「保険金支払基準」に据えている会社があります。しかしそのことは、約款やパンフレットには記載されていません。きちんと記載し、契約前に損保側でお客様に説明しておくべきです。そうでなければ、一般の契約者は、自分が頼みたいと思った弁護士の費用は、何の問題もなく三〇〇万円の範囲内で支給されると思ってしまうでしょう。

西浦さんのケースに話を戻します。

契約時には基準の存在など一切示さないで、あとになって内部基準とやらをもち出し、支払いを拒む。S損保の言動は、きわめて汚ないやり口です。

「『弁護士費用担保特約』に入っていれば、いざというとき、弁護士費用も保険で出ますから安心ですよと勧められて、私は入ったんです。この特約をつけたことで、保険料も少し高く払っています。それがいまさら出ないだなんて、詐欺みたいですよね」

「皆さんそうおっしゃいます、被害者の方は」

「……私は騙されたと？」

「お気の毒ですが、そうなります」

「どうすればよかったんでしょうか」

「S損保のような新興の損保ではなく、昔からある大手損保、たとえばT損保に入っていれば、こんなことにはならなかったでしょう」

受話器を通して、西浦さんのため息が聞こえてきました。

弁護士をつけると損保の態度が変わる

被害者が弁護士をつけることによって、損保の態度はどう変わるか。

最近は、インターネットでの情報が氾濫しています。交通事故の賠償に関する知識をインターネットから仕入れている方も少なくありません。被害者の中には、勉強家でかなりの論客もいます。

そういう方に対しても、損保は出し渋りの態度を変えません。何喰わぬ顔で、自賠責保険や任意保険基準での支払いを伝えてきます。

ところが、被害者に弁護士がつきますと、慰謝料を弁護士会基準、またはその八〇％くらいまで譲歩してきます。

なぜか。

それは、損保側に、被害者には弁護士がついたから、弁護士会の基準にならざるをえないという思惑が働くからです。被害者に弁護士がついたとき、弁護士会基準による高い慰謝料を払うのはやむをえない。しかし、弁護士がついてもいない段階で、弁護士会基準によるのは、俺たちの交渉能力を疑われる。そんなことをしたら、上席からおしかりをうけてもやむをえない。彼らはそう考えるのです。

弁護士がついても、慰謝料を弁護士会基準の額そのものではなく、それの八〇％くらいに算定してきたりします。それは、裁判前の示談折衝の場においては、慰謝料を少しディスカウントしてくれてもいいじゃないかという甘ったれた幻想と、今後の交渉で、どのみち増額を求められるだろうから、それを見越して増額の余地を残しておこうという戦略からです。

いずれにしろ、被害者が弁護士に依頼した事案は、暴力団の事案に「(暴)（マルボウ）事案」としての烙印を押すように、「被害者弁護士介入事案」として、マークします。実際にそんなゴム印を押すかどうかは別として。

このマークが彼らの心理を動かすのです。

出るとこへ出る

弁護士による示談交渉で、被害者が納得できる示談金をひき出せればいいのですが、必ずしもいい結果が出るとは限りません。

最近は、弁護士が被害者側に介入しても、出し渋りを改めない損保が目につきます。

話合いが決裂したときは、「出るとこへ出る」という選択しかありません。

「出るとこ」とはどこか。

それは、中立的な第三者（弁護士）が示談の斡旋をしてくれる場です。㈶交通事故紛争処理センターと㈶日弁連交通事故相談センターです。

交通事故紛争処理センター

交通事故紛争処理センター（略して紛セという）は全国に八か所、相談室を入れると一〇か所にあります。東京本部のほか、札幌、仙台、名古屋、大阪、広島、高松、福岡の各支部と、さいたま、金沢の相談室です。

ここに被害者が申立てをしますと、同センター嘱託の担当弁護士が先に被害者だけから話を聞き、次回には損保側にも出頭を求めて、言い分を聞きます。このようにして、双方から主張と立証資料を出しあい、それらが揃ったところで、担当弁護士が示談斡旋案を示します。

加害者側についている任意保険の契約先が、共済ではなく損害保険会社の場合には、被害者や加害者側損保のどちらかが斡旋案に不満のとき、審査会の「審査」に回してもらうことができます。審査会は、裁判官経験者や大学教授、弁護士などで構成されます。

審査会では、さらに当事者から言い分を聞き、最後に「裁定」というものを下します。「裁定」では、加害者側は被害者に対し、金＊＊＊万＊＊＊＊円を支払うのが妥当だという結論を示します。

この「裁定」に損保は拘束されます。被害者が「裁定」案を承諾すれば、その案で示談が成立し、損保はそこで示された金額を払わざるをえなくなります。

一方、被害者は、「裁定」案に拘束されません。承諾できなければ、示談は決裂ということになり、次のステップである訴訟しか道がなくなります。

なぜ損保は「裁定」案に拘束されるのか。

それは、損保各社が同センターと協定を結び、「裁定」には従う旨を損保が約束しているからです。

日弁連交通事故相談センター

日弁連交通事故相談センターは、日本全国の弁護士会に、相談所を設けています。ただし、示談斡旋ができるのは、主に県庁所在地の弁護士会に限られています。

手続きは、前述の交通事故紛争処理センターの場合と同様です。被害者からの申立てにより期日を決め、第一回示談斡旋期日に、被害者、加害者の双方を呼び出して、センターの示談斡旋担当弁護士が話を聞きます。

原則として三回までの折衝で、示談の成立をめざします。

申立てから第一回の期日までは、一か月から一か月半、次の期日は概ね一か月以内、さらに次はまた一か月以内くらいのペースで進みます。

よほど金額に大きな隔たりがない限り、三回までの示談折衝の中で、担当弁護士から示談斡旋案が示されます。双方が斡旋案に同意すれば、示談成立となります。

決裂したらどうなるか。

加害者の保険が、いわゆる損保の場合には、決裂すれば日弁連ではそれ以上の手続きを進められなくなります。あとは訴訟などで闘うしかありません。

しかし、加害者の保険が、日弁連で定めている七つの共済のいずれかである場合には、紛セと同様、審査委員会の審査に回すことができます。審査に回して「評決」というのが下りますと、その共済は、「評決」に拘束されます。一方、被害者はこれに拘束されません。被害者が「評決」の内容に同意すれば、示談成立となります。これは紛争処理センターの場合と同様です。

七つの共済とは、次のところです。

1　全労済（全国労働者共済生活協同組合連合会）の「マイカー共済」
2　教職員共済生協（教職員共済生活協同組合）の「自動車共済」
3　JA（農業協同組合）の「自動車共済」
4　自治協会（全国自治協会）・町村生協（全国町村職員生活協同組合）の「自動車共済」

5　都市生協（生活協同組合全国都市職員災害共済会）の「自動車共済」
6　市有物件共済会（全国市有物件災害共済会）の「自動車共済」
7　自治労共済生協（全日本自治体労働者共済生活協同組合）の「自動車共済」

交通事故の中には、タクシーやトラックが加害者になるケースも少なくありません。タクシーにはタクシーの、トラックにはトラックの共済があります。これらの共済は概して損保以上に査定がきびしく、多くのケースで、被害者との間で大揉めに揉めます。

しかし、タクシーやトラックの共済は、前記七つの共済に入っていません。したがって、これらの共済を相手方とする場合、紛セであれ日弁連であれ、示談交渉が決裂すればそこで終了となります。「審査」に回して、強制的に払わせるということができないのです。

タクシーやトラックにぶつけられた場合、被害者は、「揉める」ということを最初に覚悟しなければなりません。そして、将来的には訴訟を視野に入れる必要があります。

慰謝料を弁護士会基準より値引きしがちな日弁連の自己矛盾

東京の日弁連交通事故相談センター東京支部では、同支部で編集・発行している『民事交通事故訴訟・損害賠償額算定基準』（通称「赤い本」）の考え方に準拠して、示談斡旋が行われます。「赤い本」には、傷害慰謝料や後遺障害慰謝料の基準額が明示されています。それにもかかわらず、同支部の示談斡旋担当弁護士の中には、その八〇％程度の金額を示談斡旋案として提示してくる人がいます。「赤い本」の基準額は訴訟になった場合の金額で、日弁連の同センターは訴訟前の簡便な手続きだから、多少値引きしてもいいではないかという考え方からです。

私はこれには賛成できません。同センター東京支部で編集・発行した本の中で基準額を明記しているのですから、そこにもち込まれた事案には、本の基準をそのまま適用するべきです。

被害者の多くは、迅速に合理的な賠償金をもらいたいとの思いから、同センターなどへ申立てをします。訴訟よりは簡易な方法とはいっても、申立てにあたって資料（証拠）作りをするには、時間と労力がかかっています。

それなのに、ふたを開けてみたら、二〇％のディスカウントを迫られたというのでは、同センターは本に書いていることとやっていることがちがうじゃないか、と批判されても致し方ないでしょう。

紛セと日弁連とどっちが得か

紛セと日弁連のメリット、デメリットは、大まかに次のように整理することができます。

交通事故紛争処理センター

【メリット】

相手が損保なら、最終的に「審査」に回すことによって、強制力が働きますから被害者には有利です。

【デメリット】

進行が遅いです。

東京の場合、予約の申込みをしてから三、四か月しないと、第一回の呼出し期日が入りません。一回目は申立人だけが呼び出され、相手方は呼ばれません。

二回目以降から双方が呼ばれますが、期日は三か月おきぐらいにしか入りません。よって、紛糾しそうな事案では、すぐ一年ぐらい経ってしまいます。

特に相手方が被害者の主張を争い、カルテの取り寄せや証人尋問を希望する事案では、損保側より「訴訟移行の要請」というのが出ることがあります。紛セではなく、訴訟の場で争いたいというわけです。この要請が出ますと、可否を決するため、訴訟移行審査委員会にかけられます。その結果が出るまで、話合いは棚上げされ、三、四か月進行が止まります。

相手が共済の場合には、最終的な強制力が働きません。したがって、共済側と示談が成立しなければ、決裂となります。

日弁連交通事故相談センター

【メリット】

進行が速いです。

うまくすれば、申立てから三、四か月で示談が成立します。

相手が特定の共済なら、最終的に「審査」に回すことによって、強制力が働きますから、被害者には有利です。

【デメリット】

損保が相手方のときは、最終的な強制力が働きません。

三回までで示談が成立しなければ、決裂となります。

事故態様や後遺障害について、双方が激しく対立し、歩み寄りが期待できない事案は受理されません。

交渉の相手は損保なのか特定の共済なのか。被害者としては、早期解決をめざしたいか、時間がかかってもよいから、正当で納得のいく結論を求めたいか。

相手を見極め、被害者がどのような方針で臨むかによって、どちらの示談斡旋機関を選択すべきか決まってきます。

民事調停はご近所のご隠居的

裁判前に第三者を交えて話合う場としては、簡易裁判所の民事調停というのもあります。これは、被害者でも加害者（通常は加害者側損保が、加害者の名前で行う）でも申立てができます。被害者から申し立てる場合には、加害者に対し、自分の損害賠償金を請求したいというのが申立ての趣旨になり、加害者からの申立ての場合には、被害者に支払う損害賠償額を確定してくださいというのがその趣旨になります。後者の場合、「損害賠償額確定調停」と呼んでいます。

賠償金は被害者が請求するものですから、加害者から被害者を相手に調停を起こすというのは、奇異にうつるかもしれません。この調停は、被害者の要求額と加害者の提示額との間に金額の開きが大きく、かといって被害者が第三者機関に示談の斡旋を申し立てるわけでもなく、話合いが紛糾したようなケースに利用されます。

昔は、被害者側がヤクザで法外な金額を要求し、脅迫めいた電話が、加害者や保険会社にたびたび入ってきて困惑するといったケースに利用されました。その狙いの建前は「正当な賠償金額を確定してください」ということですが、裏の目的は、ヤクザの脅しをくい止めることにありました。この調停を申し立てますと、加害者を脅して金を巻き上げようとしていたヤクザは、裁判所へ呼び出されます。結果的に公的な場での話合いに臨まなければなりませんから、ヤクザの脅迫が止みました。

暴力団対策法ができて、交通事案へのヤクザの介入がめっきりなりをひそめてからは、ヤクザに代って、一般人の中で、話の分からないクレーマーの被害者がふえてきたように思います。正攻法で、きちんと合理的に賠償金を請求するのではなく、脅しや理不尽な要求をくり返す被害者に対し、その言動を牽制するという目的では、民事調停は効果があるといえます。

しかし、正しい賠償金を算定するのに民事調停は適切か、といえば、私は「否」とこたえます。

なぜか。

民事調停では、調停委員が、申立人と相手方の双方から話を聞きます。主張を書いた書面や立証資料を見て、調停工作をします。この流れは、交通事故紛争処理センターや日弁連交通事故相談センターとほとんど同じです。

問題は調停委員の見識です。民事調停では二人の調停委員が入ります。一人は大方は弁護士が務めますが、もう一人は法律家ではない人が行います。

調停委員の中で、交通問題に精通している弁護士はごく稀です。ほとんどのケースでは、交通問題にあまり詳しくない人にあたります。交通問題に詳しくない方は、法的に何が認められるべきで何は否定されるべきか、どこまでの損害はよくて、どこを超えるとだめか、そういった交通賠償の基本的な考え方が分かっていません。

落語に出てくるご隠居が相談をもちかけられたとき、人生経験にもとづいて大岡裁き的に判定するのと同じように、双方の主張を足して二で割ったところを落とし所にしがちです。交通賠償の基準を調停委員自身がもっていないのですから、どうしてもそうなってしまいます。交通事故紛争処理センターや日弁連交通事故相談センターでは、交通問題にある程度精通した弁護士が示談斡旋を担当しますから、何がよくて何が悪いかの基準をそれぞれの方がもっています。

交通事案の紛争解決の場としては、二つのセンターに比べますと、民事調停はソフトウェアである担当調停委員の資質に、欠けるところがあるといえます。

やみくもに調停を申し立てる損保側弁護士

加害者側損保から依頼をうけた弁護士の中で、こうした事情を知らないまま、やみくもに損害賠償額確定調停を起こす人がいます。

交通調停は話合いの場ではありますが、賠償金額についての話合いをする場です。被害者が治療を継続している段階で、「将来、『症状固定』になったら、自賠責へ被害者請求をしてください」とか、「給与をカットされたのなら、勤め先から『休業損害証明書』をとりつけてください」といった方針を伝える場ではありません。このメッセージを伝えたいのなら、手紙をメール、FAX、または郵送するだけですみます。

後遺障害が出た人なら、自賠責で後遺障害等級も認定され、賠償金額を被害者、加害者とも算定できる状態にならないと、調停にはなじみません。つまり、将来どう進展するか不透明で、混沌としている時期ではだめなのです。賠償金を適切に算定できる状態にきていることが必要です。

調停になじまない段階で調停を申し立てるのは、無謀であり、かえってその弁護士の見識のなさを表明することになります。残念ながら、交通問題に長《た》けていない若手弁護士の中には、こういうことをする方がいます。

その背景には、示談折衝よりも交通調停の方が、損保から支払われる弁護士報酬が高くなるという思惑もからんでいます。

第5章　もっともっと徹底的に出させる超絶訴訟戦略

「いままで自分で損保と交渉してきましたが、あまりにも提示額が低い。このうえは、訴訟を起こそうと思っています。でも訴訟を起こすとどんなふうに進展するのか、どのくらい時間がかかるのか見当もつきません。それが不安です」

こういう声をよく聞きます。

この章では、訴訟についてお話しします。

弁護士の選択

交通事故を専門的に扱う弁護士には、二種類あります。ひとつは損保、共済を顧客のメインにしている加害者側の弁護士、もうひとつは一般の被害者を顧客にする被害者側の弁護士です。

前者が圧倒的に多く、後者はごくわずかです。

損保側の弁護士が被害者からの依頼事案を扱わないわけではありませんが、その事案で相手方となる損保が、ひごろ自分の依頼人（お客様）となっている損保であるなら、受任は断るでしょう。一二〇ページでも言及したように、地方都市にいくと、この傾向が顕著にあらわれます。地方都市で交通問題に明るい弁護士といったら、ほとんどすべて加害者側の弁護士です。しかも、複数の損保を同時に顧客にしていることが多いため、被害者から相談をもち込まれても、受任は辞退するということになりがちです。

地方に住む被害者の方が、地方の弁護士にではなく、あえて東京の法律事務所に相談に来る背景には、そういう事情がからんでいます。

それはともかく、交通事故で訴訟を起こそうと考えた場合には、まず専門の、それも被害者側の交通弁護士にアクセスすることが必須条件です。

うまくアクセスできたとして、その弁護士の説明能力にも注意を払う必要があります。

私は仕事柄、法律文献にも目を通します。しばしば感じるのは、大学教授、学究肌の弁護士、裁判官などの論文や、座談会中の語りの表現が分かりにくいということです。三回ぐらい精読しても呑み込めず、「で、結局、あなたは何を言いたいの？」と問い返したい思いにかられます。専門家を対象に書かれた論文や実務書であったとしても、分かりにくくてよいわけがありません。

文献の読者や法律相談に訪れた一般の被害者に、抽象的にではなく、日常言語で分かりやすく説明できないというのは、その本人がよく分かっていないか、または表現力不足に原因があります。

もしあなたが交通弁護士に出会ったとしても、その弁護士からやさしい言葉で簡潔に説明してもらえないようなら、別の弁護士を探した方が無難でしょう。

これから先、ストレスがたまるからです。

自賠責保険金を先取りするかしないか

交通訴訟にはいろいろな戦略があります。

死亡事故や重度の後遺障害事案の場合、自賠責保険金を先取りする方がよいか、しない方がよいか、という問題があります。

自賠責保険金は死亡事故なら原則三〇〇〇万円、後遺障害事案なら、一級の場合、四〇〇〇万円（要介護の場合）から三〇〇〇万円（要介護ではない場合）となっています。二級でも、三〇〇〇万円（要介護の場合）から二五九〇万円（要介護ではない場合）です。

たとえば被害者の総損害額が一億円だとしましょう。三〇〇〇万円を自賠責保険金から先に支給をうけますと、残りは七〇〇〇万円です。

交通訴訟を提起する場合、この七〇〇〇万円を請求額とするのが有利か、それとも自賠責保険金をあえて受けとらないで、一億円を請求額とする方が有利か、という問題です。

東京地裁交通部の元総括判事であった河邉義典氏は、『新しい交通賠償論の胎動』(東京三弁護士会交通事故処理委員会編集、ぎょうせい)の中で、受けとれる自賠責保険金は被害者請求をして受けとってから訴訟を起こすように、と勧めています。裁判官の立場からすれば、未払いの賠償金があといくらなのかという点に争点を絞りたい、という思いがあるからでしょう。

しかし、被害者保護を第一に考えたとき、この見解には異論をもちます。

年五%の遅延損害金の付加

その理由は、遅延損害金とのかねあいです。

遅延損害金とは、賠償金の支払いが遅れたことによる利息のようなものです。

訴訟の場では、判決になれば、裁判所が正当だと認定した賠償金に対し、事故発生日を起算点として、年五%の遅延損害金が加算されます。

たとえば、事故日から二年経過後に判決が出たと仮定してみましょう。裁判所が認定した賠償金額が一億円であれば、遅延損害金は、

一億円×〇・〇五×二年＝一〇〇〇万円

となります。

このケースで、もし三〇〇〇万円を自賠責保険から先取りしていますと、裁判所の認定額は七〇〇〇万円になりますから、遅延損害金は、

七〇〇〇万円×〇・〇五×二年＝七〇〇万円

となります。

つまり、前者と後者では、三〇〇万円も開きが出てしまうのです。三〇〇万円といえば、人によっては年収に匹敵します。こんなにも、受けとれる金額に差が出てくるのなら、早まって自賠責保険金を受けとるんじゃなかったと思うでしょう。

厳密にいえば、先取りした自賠責保険金にも遅延損害金を付加してもらう道がないわけではありません。しかしそのためには、訴訟でその分の遅延損害金を請求しなければなら

ず、この問題が新たな火種（争点）となって、訴訟が紛糾します。そんなことになるくらいなら、自賠責から支給されるはずの金額もあえて事前には受けとらず、訴訟の場で一括して請求した方が、被害者にとっては得なのです。

和解における「調整金」

前述の遅延損害金の差は、判決になった場合を想定してお話ししました。訴訟の場では、被害感情がことさら強い場合は別にして、和解が試みられます。和解が成立しそうな場合、遅延損害金はどうなるか。

昔の裁判では、和解に際して遅延損害金（及び弁護士費用）は加算しないのが慣行でした。しかし、日本の交通訴訟のリーディング・コート（リーダーシップをとる裁判所）といわれる東京地裁交通部では、一〇年ぐらい前（あるいはもう少し前）から扱いが変わってきました。和解に際しても、判決の場合に想定される遅延損害金の約五〇%を、「調整金」という名目で加算するようになったのです。

前ページの事例でご説明しましょう。

裁判所の認定した賠償金が一億円の場合、判決なら遅延損害金は一〇〇〇万円ですが、和解の場合には、認定額一億円の中に含まれている弁護士費用（たとえば五％相当とすると五〇〇万円）をさしひき、残り九五〇〇万円について、調整金を算出します。

（一億円－五〇〇万円）×〇・〇五×二年×五〇％＝四七五万円

この四七五万円が和解の際の「調整金」です。これはあくまでも一例にすぎず、どのケースもこのように算定されるとは限りません。

自賠責保険から三〇〇〇万円を先取りしていたときは、裁判所の認定損害額が七〇〇〇万円ですから、そこから弁護士費用（たとえば五％相当なら三五〇万円）をさしひき、残り六六五〇万円について、調整金を計算することになります。

（七〇〇〇万円－三五〇万円）×〇・〇五×二年×五〇％＝三三二万五〇〇〇円

この三三二万五〇〇〇円が和解の際の調整金です。もちろんこれも一例にすぎません。

こうしてみていくと、三〇〇〇万円の自賠責保険金の先取りの有無によって、和解でも、

「調整金」が前者なら四七五万円、後者なら三三二万円五〇〇〇円となり、一四二万五〇〇〇円の差が生じます。

被害者にとっては、無視できない金額です。

事故発生日からの経過年数が二年ではなくもっと長い場合には、この格差はさらに拡がります。

ただ、和解の際に「調整金」を加算するという運用を他庁でもやっているか、定かではありません。少なくとも交通事故の専門部をもたない地方都市の裁判所では、このような扱いはしないのではないかと思います。

被害者の経済状態が決定要因

自賠責保険金を受けとらないで、その分も一括して訴訟で請求した方が、遅延損害金などの計算上、賠償金がふえることをご説明しました。

獲得する賠償金額を少しでもふやすことをめざすなら、この戦略が一番です。

しかし、もうひとつ配慮しなければならない事情があります。それはそのときの被害者（またはその遺族）がおかれた経済状態です。

もしいま、被害者が経済的に逼迫していて、一時金が欲しいという場合には、自賠責保険金を先取りした方が有益です。ご本人の当面の生活を維持することの方が大切だからです。

一年ぐらいの余裕をもって、訴訟が解決するまで賠償金が入らなくても構わない。時間がかかってもよいから、遅延損害金まできっちり加算して払わせたい。そういう方は、自賠責保険金の被害者請求を見送るべきです。

自賠責への時効中断

自賠責保険金を受けとれるのに、その請求（被害者請求）をあえてせず、訴訟での解決をめざす場合、忘れてはならないことがあります。

それは自賠責保険金の請求権が時効にかからないように確保しておくために、自賠責に対し、時効中断の申請をしておくということです。

自賠責保険金請求権は、死亡分であれば被害者の死亡時から、後遺障害分であれば「症状固定」時から、それぞれ時効期間が進行していきます。期間は二年です。二年以内に請求行為をしませんと、時効にかかります。少なくとも被害者から自賠責保険会社に対し、直接、被害者請求することができなくなります。被害者から加害者に対する損害賠償請求権は時効期間が三年ですから、自賠責が時効にかかったからといって、加害者側の任意保険会社から一銭もお金がもらえなくなるというわけではありません。

しかし、権利はいつまでも確保しておく方が賢明です。

訴訟をしている間に、気がついたら自賠責が時効にかかっていたということを防止するためには、「時効中断申請書」(用紙は自賠責保険会社へ連絡すれば、送ってもらえます)を二通、自賠責保険会社へ郵送し、承認印を押して一通を返却してもらっておく必要があります。そうすれば、承認印の日付からさらに二年間、時効期間が延長されます。

訴訟を提起すれば、自賠責保険金請求権の時効も進行を止めることができると勘ちがいされがちですが、そうではありません。訴訟と自賠責とは全く別問題です。

加害者が悪質な場合の慰謝料の増額

死亡慰謝料は、東京地裁の基準(この基準は、日弁連交通事故相談センター東京支部が毎年刊行している、いわゆる「赤い本」の基準に準拠したもので、同地裁が公式に基準を発表しているわけではありません)では、次のようになっています。

一家の支柱　　二八〇〇万円
母親、配偶者　二四〇〇万円
その他　　　　二〇〇〇万円〜二二〇〇万円

ここでいう「その他」とは、「独身の男女、子供、幼児等をいう」とされています。金額に幅があるのは、高齢者の場合には低めに算定され、若年者ですと高めに評価されるからです。

この基準はあくまでも目安であって、確定的なものではありません。個別の事情を酌んで増減されます。

個別の事情の典型的な例として、加害者が特に悪質だというケースがあります。飲酒、無免許、轢き逃げ、極端なスピード違反といったことがこれにあたります。このような悪質性が加害者に認められる場合には、判例などでも、死亡慰謝料の増額が認められています。

どの程度、増額されるか。

概ね、前記基準額の一・二倍から一・三倍ぐらいですが、事故の発生を認識していながら、故意に被害者を轢き殺したともいえるくらい悪質なケースでは、一・五倍に増額した判例もあります。

兄弟姉妹の慰謝料

民法によれば、死亡事故での慰謝料請求権は、被害者の父母、配偶者、子供にあるとされています。

幼い子供が被害に遭ったとき、その兄弟姉妹には慰謝料請求権はないのか。

東京近郊の田園地帯に住む若いご夫婦の、七歳になるお嬢さんが、隣人のトラックに轢かれて死亡するという痛ましい事故が起きました。そこは通学路で、たまたま被害者より三つ下の息子さん（被害者の弟）が、事故の直後、路上に倒れている被害者を目の当たりにしました。

それ以来、男の子はＰＴＳＤ（心的外傷後ストレス障害）にかかり、夜は悪夢にうなされ、精神科にも通うほどになりました。精神科に通ったのは、男の子だけでなく、奥様も同様です。

加害者である隣人は、事故のあとも平然と車を運転しつづけています。それを見るにつけ、ご夫妻も息子さんも胸をしめつけられます。御一家はとうとうその場所にはいたたまれず、転居する事態となりました。

この事故で東京地裁は、ご夫婦への慰謝料とは別に、男の子の慰謝料として八〇万円を認めました。

男の子がうけた心の傷は、金銭では償いきれないほど深いものがあります。それを考えますと、八〇万円では安すぎるきらいがあります。

このケースからも分かるように、判例では兄弟姉妹にも、事情に応じて慰謝料を認めています。

逸失利益の考え方

死亡事故や重度後遺障害の被害者にとって、損害の大きな割合を占めるのが、逸失利益です。逸失利益は「将来の得べかりし利益」などと呼ばれています。死亡事故の場合には、亡くなられた方がもし生存していたとしたなら、生涯に得られたと推定される所得を指します。後遺障害が出た被害者の場合には、後遺障害のために労働能力が一〇〇%から数%

喪失します。喪失したことによって、症状固定日以降に招くであろう減収分が、逸失利益ということになります。

死亡事故の場合には、被害者が亡くなられているわけですから、逸失利益が発生することに議論の余地はありません。

むしろ争いになるのは、後遺障害に苦しんでいながら、給与が支払われているケースです。公務員の場合には、民間の給与所得者とちがい、原則として給与が支払われます。「給与が支払われていれば、減収はないのだから逸失利益は発生しないのではないか」こういう反論がよく加害者側の損保から出されます。

収入面に関する損害賠償は、基本的には差額説という考え方にたっています。差額説というのは、事故によって現実にどれだけ収入に差が生じたか、その差額を損害として補塡しようという考え方です。特に、事故発生から症状固定までの休業損害については、この考え方で算定します。したがって、治療のために入院していても、給与が減らされなかった場合には、休業損害は発生していないことになります。もっとも、仕事を休んだために賞与が減額された場合には、それが休業損害として評価されますが。

差額説に対して、労働能力喪失説というのがあります。これは実際の減収（＝差額）を問題にするのではなく、障害を負ったことにより労働能力が事故前よりも失われていること自体を損害としてとらえ、それを金銭で補塡しようという考え方です。

現在の裁判実務では、差額説に労働能力喪失説を加味した考え方が大勢だといえます。

公務員の場合のように、後遺障害が出ても、定年まで給与の支払いが約束されている場合には、差額説によれば減収はないのだから、逸失利益はゼロだという見解に帰着しかねません。そうはいっても、障害をかかえたために、同期の人に比べて昇給、昇任が遅れ、ひいては減収を招くということはあります。

労働能力喪失説を加味すれば、症状固定以後、仮に給与をもらっていたとしても、それなりに逸失利益が発生すると考えるのが通例です。

県立高校の教師のケース

県立高校で数学を教えている男性教諭がいました。彼は地方公務員です。彼が負った後遺障害は、脊柱（頸椎部）の運動障害と変形障害、外傷性頸椎椎間板ヘルニアに伴う神経症状、骨盤骨の変形障害などで、自賠責保険では後遺障害等級併合第七級と認定されています。

第七級の労働能力喪失率は、自賠責では五六%とされています。訴訟になったこのケースで、被告の損保側は、逸失利益は発生していないなどと主張してきました。東京地裁は三〇%の労働能力喪失率を認め、彼の逸失利益を三六〇〇万円と認定しています。

誰にも職業選択の自由が憲法で保障されています。症状固定のとき公務員であったとしても、職場内でのいじめや上司からの勧奨などにより、転職をしたいと思うかもしれません。しかし、従来通りの給与額で民間企業が雇ってくれるかといえば、かなりきびしい面があります。現実問題として、民間企業への転職となると、肉体的なハンディのために、ある程度の減収を覚悟しなければならないでしょう。

そのように考えると、症状固定以後、給与を受けとっている方であったとしても、肉体的なハンディを負ってしまったこと自体を損害とする、労働能力喪失説を色濃く反映させるべきだと私は考えています。

主夫の逸失利益

女性が社会に出て、男性同様にバリバリ働くというのは当たり前の時代ですが、逆に男性が「主夫」として、専業主婦の代りを務める人もいます。

そういう人の逸失利益はどう考えるべきか。

いわゆる専業主婦の方の逸失利益は、厚生労働省の賃金統計である「賃金センサス・女子労働者の全年齢平均賃金」をベースにして計算するのが一般的です。

「主夫」業をしている男性の代理人として私が東京地裁に提訴したとき、被告側損保は、「主婦」はいても「主夫」などいない、それは働くのがいやで怠けているだけだ、それゆえ被害者は無職と考えるべきで、逸失利益は認められない、などと反論してきました。

このような考え方は、家事労働は女性がやることで、男性がやるのは信じられないという古い固定観念にしばられています。

東京地裁は判決の中で、「主夫」としての彼の逸失利益を、専業主婦と同様、「女子労働者の全年齢平均賃金」をベースに認めました。

女子年少者の逸失利益

児童や学生など、仕事についていない年少者が死亡した場合、将来の逸失利益の算定にあたっては、何を基礎収入とするか。

通常は、賃金センサスの男女別全年齢平均賃金額を基礎とすることになっています。全年齢平均賃金とは、年齢別平均賃金と区別して使われる用語で、すべての年齢層の平均賃金を集計したうえでの平均値ということです。

平成二〇年の賃金センサスによれば、男子の全年齢平均賃金が五五〇万三九〇〇円であるのに対し、女子のそれは三四九万九九〇〇円となっています。これをベースに逸失利益を算定しますと、女性の方が男性より低くなってしまいます。単純にいえば、一つの事故で同年齢の少年と少女が同時に亡くなられた場合、少女の方が少年より生命の値段を安く算定されるということです。

実社会においては、女性の方が男性より常に収入が低いとは限りません。年少者にとっては、前途洋々たる未来が拡がっていたわけで、単に女性という理由だけで、男性の場合よりも逸失利益を低く評価されるというのは、不合理です。

このような理由から、年少の女性が亡くなられた場合の逸失利益の基礎収入は、女子労働者の全年齢平均賃金ではなく、男女を合算した全労働者の全年齢平均賃金で算定すべきではないかという意見が出されました。いま、裁判実務ではそれが一般的になっています。全労働者の全年齢平均賃金ですと、男子のそれと女子のそれのほぼ中間値になります。

そのようにしたとしても、まだ少女の方が、少年が死亡した場合よりは安くなってしまいます。男女間格差を完全には解消しきれていません。

顔の傷の男女差別

企業の中でも損害賠償の場面でも、女性は男性に比べ、何かにつけ不利に扱われがちです。女性というだけで差別されるのは不合理であり、少しずつ正していかなければなりません。

でも、損害賠償で、唯一女性が男性より有利に扱われる場面があります。それは顔の傷です。

自賠責では、傷が大きな傷か小さな傷かによって、後遺障害等級を判定します。大きな傷とは、線状痕なら五センチ以上、瘢痕なら鶏卵大以上を指します。五センチ未満で三センチ以上の線状痕や、鶏卵大ほどではないが一〇円玉以上の瘢痕の場合には、小さな傷とされます。

女性の場合、顔に大きな傷が残ったときは後遺障害等級七級、小さな傷は一二級と認定されます。

それにひきかえ、男性の場合は、大きな傷でさえ一二級にしかなりません。小さな傷なら一四級です。男女ともその中間はありません。

支給される自賠責保険金は、男女の別なく

七級なら　一〇五一万円
一二級なら　二二四万円
一四級なら　七五万円

です。

つまり、顔に傷が残った場合、女性なら一〇五一万円から二二四万円を自賠責からもらえるのに、男性の場合には、二二四万円から七五万円しか支給されません。男女間の格差は、大きな傷の場合で八二七万円、小さな傷で一四九万円となります。

これが差別でなくてなんでしょうか。

男は顔の傷の一つや二つでガタガタ言うな

なぜ男はこのように差別されるのか。

それは、自賠責の後遺障害等級表が、一九三六年の工場法施行令によって定められた「身体障害等級及び障害扶助表」に端を発しているからです。ここでは、工場などでの肉体労働に影響を与える障害をより上位の等級にランクしていました。その反面、男の顔の傷などはとるに足らない部類で、肉体労働には全く影響しないから、低い位置づけにされたのです。

それでも女性の方が男性より顔の傷を重視されたのはなぜか。

それはおそらく、自賠責の等級表を作成した方々（たぶん男性）が、「女は顔」という侮蔑的思想をもっていたからでしょう。

『人は見た目が9割』（竹内一郎著、新潮新書）という本がベストセラーになったかと思ったら、つづいて『女は見た目が10割』（鈴木由加里著、平凡社新書）という本が女性によって書かれました。勝間和代さんも『結局、女はキレイが勝ち。』（マガジンハウス）という本を出しています。

女性誌は毎回こぞって、コスメの記事や広告を打ち出しています。化粧に命をかけている女性は少なくありません。そうしてみますと、女性の方が男性より顔の美醜に気を遣うという風潮は、現在でも否めないところでしょう。

しかし、です。最近では男性も、清潔感に気を配り、なかにはメンズエステに通って、美形を保とうとしている人が少なくありません。

そうであれば、自賠責の格差は開きがあり過ぎるように思います。男の顔の傷の等級を必ずしも、一四級か一二級に決めつけるのではなく、いままでの一四級は一二級に、一二級は一〇級から七級に格上げしてもおかしくはないように思います。

これを実現するためには、自賠責の等級表自体を見直す必要があります。しかし、自賠責が動かないなら、裁判所が、自賠責の等級に拘束されることなく、もっと柔軟に等級を決めてもよいと思います。

二〇一〇年五月、京都地裁が男性の顔の傷について、労災での性差別による等級認定を、男女平等を定めた憲法第一四条に違反すると判断したのは注目に値します。

この判決は確定しましたので、厚生労働省による障害等級の見直しが期待されます。

顔の傷は減収をもたらすか

では、顔に傷が残ったとき、減収をもたらすでしょうか。

こたえは、原則として「ノー」です。顔に傷ができたからといって、他の部位に障害が残ってさえいなければ、働くのに支障はないからです。

でも例外があります。それは俳優業、モデル業、水商売のように、顔の美醜が仕事に影響を及ぼすものです。

キャバクラ嬢をしていた女性が、事故で眉間に七センチの線状痕を負いました。

彼女の代理人を務めていた私が東京地裁に提訴したところ、被告代理人（中年の男性弁護士）はこう反論してきました。

「顔の傷など化粧で隠れる。それに現在では、ほとんど傷が分からない程度に回復している。キャバクラの中は暗い。女性の顔に傷があるくらいで、男が寄りつかないなんて、考えがたい。女は顔じゃない。愛嬌だ。よって逸失利益は発生しない」

私は再反論します。

「眉間の傷を隠すために、彼女はいままでの二倍の時間をかけて入念な化粧をしなくてはならない。目立つか目立たないかは主観の問題ではあるが、化粧をしなかったなら他人に分かるというのは、本人にとってどれほど心の負担になることか。いまの職場のキャバクラが暗いからよいというものではない。本人は銀座のクラブに転職したいと考えていたが、その夢はついえたと嘆いているのである」

裁判所はこちらの訴えを認め、二〇%の労働能力を喪失したとして、逸失利益を認定しました。

損保側医師による意見書

一一二ページでもお話ししましたように、巨大損保と被害者との間には圧倒的な力の差があります。知識、戦略、経済力の点で、被害者は常に弱い立場にたたされます。

医学的な立証の面ではどうか。

ここでも損保は、背後に助っ人を準備しています。顧問医の存在です。損保は、特定の医師、特に整形外科医と顧問契約を結び、患者の症状や後遺障害について疑念をいだいた場合には、ことごとく顧問医に相談します。T損保などでは、メディカル・サービスの子会社を設立して、そこに専属の医師をおいています。

訴訟事案で、事故と受傷との因果関係が争われたり、後遺障害の就労への影響度が争われることがよくあります。こういうとき、損保側は決まって、自分たちの顧問医などに有利な意見書を書かせます。医師も損保から報酬をもらっている手前、損保側の意向に沿うように意見書を仕立てるのです。

損保の息がかかった医師の意見書など、信用性には疑問があります。しかし仮にも医師免許のある者が書いているわけですから、裁判所も無視するわけにはいきません。

被害者のとる次への的確な一手

それは、被害者の味方となってくれる医師をみつけ、自分に有利な意見書を書いてもらうことです。

簡単なようですが、これがなかなか思い通りには進みません。といいますのは、医師の中には、余計な争いごとに巻き込まれたくないと考えたり、治療を終えた被害者に対し、冷たくあしらおうとする方が多いからです。

これは医師の性格にもよります。

こうなってきますと、受傷後、治療を開始した段階から、被害者は医師の対応や性格を見極め、冷たそうな医師なら病院を替える覚悟が必要です。

あなたの主訴を真摯《しんし》に受けとめてくれないような医師は、将来の後遺障害診断書も、丁寧には書いてくれないと思った方が無難です。

また腕のいい医師が常に被害者にやさしいとは限りません。医師の本分は患者の傷病を快癒させることにあります。診断書を書くのが苦手な方も少なくありません。大学病院や総合病院の医師は、連日の治療行為で多忙を極めているため、後遺障害診断書は雑に書かれる傾向にあります。

たとえば、患者にとって重要な症状を書き漏らしたり、関節機能障害の可動域の角度（膝、肘などの関節が、伸展、屈曲で、自動、他動により何度まで曲がるかといった角度）の計測方法を誤り、実情より軽く記載することがあります。なかには、やるべき治療を完了してしまうと、大腿部切断のような明白な後遺障害が残っているのに、傷口が治ったという意味で「治ゆ」と診断書に書く医師もいます。こういう場合には、「症状固定」と書かなければいけません。

ご自分の障害を後遺障害診断書にどう表現させるか。

これが重要なポイントです。診断書に書かれなかった症状や傷害は、損保や、自賠責の等級を認定する損害保険料率算出機構では、「存在しない」と判断されますから。被害者にとっては、残存している症状を細大漏らさず記入してくれる医師が「よい医師」、そうでなく大雑把にしか書かない医師は「わるい医師」です。

人身事故の被害者が将来、損保と闘わなければならないことを考えますと、良心的な医師を探す闘いは、受傷直後から始まっています。

あなたの味方になってくれる医師のもとで治療を受ける、これが重傷事故では勝利への第一歩です。

同様のことは弁護士についても言えます。深い学識をもつ弁護士が、あなたにとって常によい弁護士とは限りません。学識があるだけでなく、お客様の話をどれだけ親身になって聞いてくれるか。次への的確な一手を打ってくれるか、どれだけサービス精神を発揮してくれるか。これがよい弁護士かどうかを見極めるポイントです。

国税調査官並みの税理士の調査

損保は、専属の医師をかかえているだけではありません。

自営業者が事故の被害に遭って、長期間休業したとしましょう。

その場合、この人の年間所得が一〇〇〇万円を超えるようですと、損保はしばしば税理士を使って収支を調査します。

「＊＊様の休業損害をきちんと算定してお支払いするために、必要な書類があります。事故前三年間の『所得税の確定申告書』『所得の内訳書』『青色申告決算書』です。この次、お宅に訪問した際、写しをいただきたいと思いますので、ご準備いただけませんか」

このように損保側の税理士から電話があれば、善良な被害者は、自分の休業損害を払ってくれるのだろうという期待を抱くでしょう。そして、面談日に、言われた書類を用意して提出すると思います。

こうして出された書類を税理士はくまなくチェックし、さらに不足資料の提出を求めます。

「収支が分かる会計帳簿や伝票類を過去にさかのぼって三年分、出してくれませんか。それと、入出金を確認するため、預金通帳を見せていただきたいんですが。これもやはり三年分」

そんなことを言われますと、ダンボールの中にしまっておいた過去の帳簿類をひっかき回してみつけるか、自分の税理士に連絡して、用意してもらうほかはなくなります。

さんざん資料を出させた以上、今度こそ休業損害を払ってくれるのかと思いきや、梨のつぶてです。

損保側の税理士に電話しますと、相手はこう言います。

「いやぁ、いろいろと不審な点がみつかりましてねぇ。収入や経費の裏付けがとれていないんですよ」

「どういうことですか」

「どういうことって、そういうことです。確定申告書や青色申告決算書の金額と帳簿からうかがえる金額とが必ずしも一致しないんです。うーん、弱ったなぁ。本当は経費がもっとかかっていて、所得は低いんじゃないでしょうかねぇ……」

税理士は全く悪びれた様子がありません。

こういう税理士のやり方は、国税調査官の調査さながらです。国税調査官の場合とちがうのは、思考の方向性です。国税調査官は、納税者が脱税をしているのではないかという疑いをまず抱きます。そこで、収入の計上漏れはないか、経費の水増しはないか、ひいては所得を不当に低く申告していないか。いれば過少申告となり、税金の追徴の対象になります。よし修正申告をさせよう。そういう思惑で調査に出向きます。

損保の税理士の場合は逆です。被害者の所得をできるだけ低く認定するために、税務申告の関係資料を洗いざらい出させ、文字通り重箱の隅をつついて、高額と考えた申告所得の信憑性をおとしめます。そして、調査を始める前から考えていたとどめの結論を、さも調査の結果、正当に導かれたかのような口ぶりで言い放ちます。

「いやぁ、われわれも時間をかけて収支の資料を精査させていただいたのですが、事故前の年間所得が一四〇〇万円というのは、どうしても裏付けに乏しいんですよ。ですから、この際、年間の所得として、男子の平均賃金である年収五五〇万円で計算させていただくほか、手がないと思っております」

これはもう、ヤクザ並みの「因縁」です。

被害者が一年間休業すれば、休業損害は一四〇〇万円になるはずです。それを低く抑えるために、ここでおもむろに平均賃金五五〇万円をもち出すのです。この差は実に八五〇万円です。

損保は税理士に調査費用を払ってでも、被害者の休業損害の減額を正当化しようとしています。

しかも登場してくるのは、いつも同じ税理士です。

こういう税理士は、不払いに加担する損保の犬といってても過言ではありません。

ビデオ撮影の技術

事故の状況によっては、偶然に起きたものなのに、損保側からとんでもない難くせをつけられることがあります。「故意に事故を起こして、保険金詐欺を企んだんじゃないか。これは偽装である」と。

こんな言われ方をされますと、被害者は怒りで震えます。

車両保険の場合、かつては事故が「偶然」に起きたことを被害者側で立証しなければならないとされていました。しかし最高裁は、二〇〇六年六月一日の判決以降、いくつかの判例でこの見解を逆転させました。損保側が、「事故は被害者が保険金目当てに故意に起こしたものだ」と言いたければ、そのことを損保側で立証しなければならないとしました。これによって被害者は、駐車場にあった車がなくなったとか、水没したという外形的事実だけを証明すればよいことになりました。こうして、最高裁は被害者の立証責任の軽減をはかったのです。

しかし最高裁がこの判例を確立するまでは、「偶然性」の立証責任が被害者側にあるとされていましたから、被害者は本当にたいへんでした。車両保険金を払いたくない損保としては、どこかに因縁をつけられそうな事実はないかと血眼《ちまなこ》になって探しました。それがみつかると、「偶然性が疑わしい。被害者は、当時金に困っていた。保険金目当てに事故を偽装したのだ」と決めつけました。悔しかったら「偶然性」を証明せよ、と開き直ったのです。

そのころの一例をご紹介しましょう。

用水路のそばの砂利が敷かれた畦道《あぜみち》にメルセデス・ベンツのステーションワゴンを停止させ、運転者が小用を足すため一時車から離れたところ、そのまま用水路に水没してしまったという事故があります。クリープ現象で、車が自動発進したからです。

事故はいくつかの偶然が折り重なって起きました。運転していた男性は、トランスミッション・ギアを「ニュートラル」にしたつもりが「ドライブ」の状態になっていたと推測され、そのうえサイドブレーキの引き方が甘かったのです。それに加えて、この車は当日知人から借りた車であったため、被害車両の運転操作に不慣れだったという不運が重なりました。

幸い、事故車にはD損保に五〇〇〇万円の車両保険がついていました。車の被害者（車の貸主）は、保険金五〇〇〇万円を請求します。しかし、損保側は支払いを拒否してきました。「こんな事故が偶然に起きたとは考えがたい。借金の返済に首が回らなくなった被害者が、運転者と共謀して故意に車を水没させたのにちがいない」と。

こちらから東京地裁に提訴したこの事件で、D損保側の弁護士は次のように反論しました。

「運転者はギアが『ドライブ』の状態とは気づかず、フットブレーキを踏み、サイドブレーキを引いて外にとび出したという。そのときサイドブレーキの引き方が甘かったので、運転者が外に出たあと、車は無人のまま動き出したなどと言っている。そんなことは物理的にありえない。『ドライブ』の状態で、サイドブレーキの引き方が甘ければ、車は即座に発進するわけだから、スタントマンのような特殊技能を備えている者でない限り、車から外にとび出すこと自体できない。さらに車が動き始めたことを認識しないで外に出ることは不可能だ」と。

こういうことを言われますと、被害者としては事故の再現ビデオを作って、被告側損保の主張が誤りであることを証明する必要に迫られます。

同一の車を使っての実験映像

保険金詐欺呼ばわりされた被害者は、頭から火煙がのぼるほど怒りました。

「こうなったら、どんなに金をかけてでも、D損保の鼻をへし折ってやる」

そう彼はぶちまけました。

どのような実験映像を作るか、私は綿密に計画をたてました。

実験には、事故車と同一のメルセデス・ベンツのステーションワゴンを調達してきます。実際にその車を水没させることはできませんので、事故現場とよく似た砂利道を使って、車を走らせます。

事故当時は運転者の男性しか乗っていませんでしたが、映像を撮影するため、カメラマンとナレーターを後部座席に座らせます。さらに、運転者が車外に出たあと、車を停止させる人物を助手席に配しました。

実験車が一〇〇メートルくらい走ったところで、「ドライブ」のままフットブレーキを踏み、サイドブレーキを軽く引きます。車が停止します。運転者が外にとび出します。とび出したあと、二、三秒おいて、車が自動発進します。

スタントマンでなくても、普通のドライバーなら誰でも、たとえ女性であってもできることを証明するため、今度は運転手役を若い女性にやらせます。

この実験の一部始終をナレーション入りで収録しました。

ナレーションを練る

裁判官に分かってもらうためには、ナレーション作りが重要です。裁判官は、車の運転経験がないと考えておいた方が無難です。一般のドライバーからみますと、「車を運転しないのか」と思われるかもしれませんが、弁護士や検事、裁判官などには、車を運転しない人が多いのです。万一、人身事故を起こして禁錮以上の刑に処せられますと、たとえ執行猶予がついたとしても、法律家資格を失うからです。「あの事件はどうしたらいいだろうか」などと、歩きながらも考える癖のある人は、車を運転するのは危険です。

実験映像を撮影しようと考えた場合には、弁護士が映画監督か脚本家になったつもりで、ナレーションの草稿を作る必要があります。

こちらが実験映像を出しますと、損保側も調査機関を使って、負けじと反証としての実験映像を出してきたりします。これまで、損保側で撮ったＤＶＤを何度も見せられてきましたが、はっきり言って下手です。カメラ視点がぐらぐら揺れて、見ていると気持ちが悪くなるような映像であったり、ナレーションが全く入っていなかったり、入っていたとしても、ぼそぼそ呟いているだけの、説得力に欠ける語り口であったりするのがほとんどでした。これは、調査員はもとより、損保の査定担当者や代理人の弁護士に、脚本製作能力が一〇〇％欠落しているからです。この能力は、経験豊富な弁護士だからといって、備わっているわけではありません。損保側の数少ない泣きどころが、ここにあります。

車の運転操作を知らない裁判官にいかに分かってもらうか。

この視点から私は、ナレーションの脚本を映画と同様に、「スタート」から終了の「カット」まで、念入りに練り上げました。一言一句、言葉を選びます。

撮影にあたっては、カメラマンのカメラを構える位置、方向も指示しました。

そうしてでき上がった映像でしたが、どうも感心しません。説得力の弱い部分がありま す。私はそれを指摘し、撮影スタッフ全員を私の事務所に呼んで、どこをどう修正すべきか指示しました。

映画監督の黒澤明は、何かの映画の撮影で、登場人物の背景になる炎の燃え方が気に入らないので、撮り直しをさせたと聞いたことがあります。

こっちは映画監督ではありませんが、実験映像が裁判官にどのような心証を与えるかと考えたとき、「まあいいや」という大雑把な妥協はしたくありません。そういう妥協を弁護士がしてしまいますと、不利益を被るのは依頼人だからです。

私のケースでも、再制作したＤＶＤを東京地裁に提出したところ、裁判官の心証が一〇

○%こちらに傾き、完全勝訴につながりました。
事実をより分かりやすく物語る能力。被害者側代理人を務める弁護士は、この能力を身につける必要があります。

「事故は偽装だ。モラル・ハザード（保険金詐欺のリスクのことで、実務上は『保険金詐欺事案』と同意義で用いられる）だ」と言いたければ、その立証責任は損保側にあるとされたにもかかわらず、同種事案が起きるたびに、依然として損保は不払いを決め込みます。被害者に対しては、「故意」を裏付ける具体的な理由や資料を全く示さないままにです。

最高裁の判例を無視したこういう態度は、コンプライアンスに反し、卑怯と言うほかはありません。企業の社会的責任（CSR。コーポレート・ソーシャル・レスポンシビリティ）をどう考えているのか、と問いたくなります。

夜の現場撮影

夜の事故では、現場の明るさが問題になることがあります。

千葉県の幹線道路で、年輩の女性が自転車を引いて横断していたとき、一二五ccのオートバイにはねられ死亡しました。夜一〇時ごろでした。

訴訟の中で、被告損保側の弁護士は次のように主張しました。

「現場は暗かった。バイクからは、横断歩行者は非常に認識しづらい状況にあった。交通量の多いそういう場所をあえて横断した被害者には、五〇％の過失があり、その分を過失相殺するべきである」

この主張を裏付けるため、被告側は、事故発生時刻に撮影した写真を証拠として出してきました。

その写真を見る限り、確かに暗く見えます。現場が暗く、横断歩行者を認識しづらいというのは、運転者側に有利に働きます。具体的には、運転者（加害者）側の過失が小さくなり、逆に被害者側の過失が大きくなります。

しかし、待てよ、と私は思いました。一般に夜の情景をふつうの露出で撮影しますと、肉眼で見たときより暗く写ります。カメラという機械を通すことによって、現実が歪められるのです。

遺族の方の話によれば、実際はこの写真より明るいといいます。私も夜、現場に行ってみました。

確かに明るい。約五〇メートルおきぐらいに街路灯がたっており、ガソリンスタンドの広告塔や、二四時間営業のコンビニから漏れる照明が、車道に反映しています。この明るさを肉眼で見た状態のままに収録する必要があります。

私は当初、遺族であるご長男に、現場をビデオカメラで収録し、ＤＶＤにおとして見せていただきたいと伝えました。

でき上がったものを見ましたが、だめです。

素人が撮影したために手ぶれがあり、しかも現場の明度を十分表現しきれていません。私が用意したナレーション用の原稿をご長男が読んでくれたのはいいのですが、一本調子で説得力に欠けます。

私は彼と対応策を協議しました。その結果、私の知人であるプロのカメラマンで映画監督をしているＳ氏に、撮影を依頼することにしました。

ナレーションも現場でのカメラワークを想定して、私が書き直しました。Ｓ氏は、「どうせなら売れない俳優を連れてくるから、彼にナレーター役をさせたらどうでしょうか」と言います。

コスト・パフォーマンスはどうなのか、と思われるでしょう。このケースは五〇〇〇万円を争う裁判です。被害者の過失を一〇％多くとられますと、五〇〇万円の減少になります。五％で二五〇万円です。四〇〜五〇万円のコストは目をつぶるしかありません。わずか二〇分程度のＤＶＤとはいえ、それが勝敗の雌雄を決するのです。

こうして、ＤＶＤ制作スタッフの陣容がかたまりました。監督とカメラ担当はＳ氏、カメラ助手にＳ氏の部下の三名の男性、さらに大道具役として、加害車両と同一のオートバイを東京都内から調達してきて、千葉市の現場まで乗ってくる男性、ナレーターは無名の男性俳優、プロデューサー兼脚本家は私です。

撮影は二夜にわたりました。オートバイに乗っている者から横断歩行者がどの程度見えるか。衝突地点から五〇メートル、四〇メートル、三〇メートル、二〇メートル、一〇メートル手前ではどうちがって見えるか。それぞれの位置から、バイクのライトが下向き、上向きの場合ではどうか。二種類の映像を作りました。というのは、加害者の男性は、現場近くのガソリンスタンドで給油をしたあと、ヘッドライトを下向きにしたまま走っていて、被害者にぶつかったと警察の調書の中で供述しているからです。それぞれの映像には、第三者にも分かるように、的確なナレーションを俳優に読ませました。ＮＨＫ総合テレビの「クローズアップ現代」を撮るようなつもりです。

もし前照灯を上向きにしていたなら、現場付近の明るさとあいまって、もっと早い段階で、被害者に気づいたのではないか。そうすれば、ブレーキをかけることによって、事故は避けられたのではないか。

自分がたてたこの仮説の正しさを、私は映像によって証明したいと思ったのです。

完成したDVDは完璧でした。現場の明るさも、肉眼で見たときとほぼ同様に再現されています。前照灯を下向きにすると、被害者に接近してからでないと気づかないが、上向きにしていれば、かなり離れた距離でも被害者を認識できます。

S氏は、このDVDにタイトルと目次、字幕スーパー、実験結果の総括文までつけてくれました。さらにこれらが、フェード・イン、フェード・アウトします。さすがに、本職が映画監督だけのことはあります。

私はDVDに証拠番号をふって、東京地裁に提出しました。

反論を封じるDVD

「原告から、たいへん分かりやすいDVDが出されましたが、被告側はこれに対し、どう対応されますか」

裁判官が、準備手続室で被告代理人に問いかけます。

「……自分も現場は見ましたが、ちょっとちがうんですよ、実際は」

被告代理人の弁護士は、言い淀みます。

「このDVDの内容がちがうと言うんだったら、被告側でもDVDで撮影して、出せばいいじゃないですか」

私は反論しました。出せるものなら出してみろという思いを込めて、あえて挑発的に言いました。プロのカメラマン兼映画監督、俳優まで使って、DVDを作ることなど、損保の地区サービスセンター・自動車査定部門でできるわけがないことを知っていたからです。いくら損保は資金が潤沢にあるからといっても、テレビで放映するCM用ビデオを作るなら本腰を入れますが、一つの事案のためにそんなコストはかけられません。経費を極力削る前提では、人材の心当たりもないはずです。

次回期日。裁判官は、こちらが出したDVDの内容を全面的に採用し、被害者の女性の過失を五％にとどめた和解案を示してきました。

損保側も諦めたのでしょう。こちらのDVDに対する反証は出さず、その次の期日に裁判所案通りの額で和解が成立しました。

和解か判決か

東京地裁の最近の集計によれば、交通訴訟の七割強は和解により解決しています。

和解とは何か。

話合いによる解決のことです。和解に対する言葉として、判決があります。判決は、話合いではなく、裁判官によって出される裁定のことです。

和解と判決は何がちがうか。

和解の方が判決より早く解決します。原告や被告の双方から主張と立証資料が出尽くしたところで、裁判官から和解案が示されるのがふつうです。損害の項目によっては、立証が不十分で、原告の主張が正しいとも正しくないとも言いかねる部分が出てきます。そういうグレーゾーンであっても、「和解に限り認定する」ということがあります。裏を返せば、判決になったらわかりませんよ、という意味です。

和解折衝は、通常は一回か二回です。裁判官から示された和解案を、双方で呑めるかどうかを決めるだけです。裁判官の和解案に計算違いがあったり、「既払金」として控除すべきでない金額までさしひいてあったりというように、明らかな誤りがない限り、いったん出された和解案についてゴネるというのは許されません。たとえば、一二〇〇万円の和解案が示されたが、原告としては一五〇〇万円に増額してくれませんか、とか、被告としては一〇〇〇万円に修正してくださいというのはだめです。オール・オア・ナッシング。呑むか呑まないかです。どちらかが呑めないというのなら、和解は決裂し、判決に向けた手続きに移行します。

和解決裂から判決へ

判決を求める場合には、死亡事故は別として、多くのケースで、原告や被告の本人尋問を実施します。当事者本人を法廷で直接尋問して、事故の状況や損害の金額について質すということをします。そのためには、尋問期日を設け、そのあと最終的な主張を展開する「口頭弁論期日」を開いて、判決に至ります。和解決裂から判決までは、通常四か月から六か月はかかるとみなければなりません。

和解が決裂したら、尋問をしないで直ちに審理を終結し、次回に「判決」ということもないわけではありません。それは死亡事故のケースです。

死亡事故のケースでは被害者が亡くなられていますので、被害者を尋問することはありえません。一方、加害者の主張は、自動車運転過失致死罪に問われた刑事事件記録に載っています。いまさら加害者を尋問して訊くまでもないと、通常は考えます。なかには、交通刑務所に服役中で、事実上尋問できないケースもあります。

このため、死亡事故では、和解が決裂したら、直ちに審理を終結し、次回に判決を求める方向に移行します。

実際、損保の中には、この期に及んでも、まだああでもない、こうでもないと屁理屈をくり出す査定担当者がいます。これは、損保側弁護士の説得力不足に原因しています。裁判官から示された和解案については、もう四の五の言わせない、「これでOKしなさい」と説得すればいいものを、その能力に欠けているのです。特に経験の浅い若い弁護士であったり女性弁護士であったりすると、損保の担当者や課長は自分の方が優位に思うのか、身勝手な主張を代理人にぶつけます。

私は、相手方から出されるそういうわがままには、一切つき合わないことにしています。「説得できないのは、あなたの実力不足でしょう」とは言いませんが、最終段階で愚痴をこぼすのは、男らしく（いや女性弁護士もいますから、正確には弁護士らしく）ありません。

問答無用で判決を求めた方が、被害者のためには得策です。

金額に差がでる和解と判決

死亡事故では、どうして判決の方が和解より得策か。
それは次の理由によります。
死亡事故では、次の四項目しか損害がありません。

1　治療費（救急病院での医療費など）
2　葬儀費　通常は一五〇万円
3　逸失利益　被害者の生前の年収によって変わってきます。
4　死亡慰謝料　通常は二〇〇〇万円から二八〇〇万円の範囲で、被害者の属性（一家の支柱か配偶者か、子供か、高齢者かなど）により決まります。

これらは、事故の関係者や遺族を尋問するまでもなく、書面の資料だけで立証は尽くされてしまいます。被害者が社会的な奉仕活動をしていて、有為な人物であったといった事情も、遺族の「陳述書」で説明すれば足りてしまうのです。

●東京地方裁判所交通部（民事第27部）の運用

項目	判決の場合	和解の場合
遅延損害金	認定額に対し事故日から年5%の金額（a）	aの約50%の金額を「調整金」として加算
弁護士費用	認定額に対する5%〜10%の金額（b）	なし

つまり、1から4の項目は、きちんとした立証資料を出せば、和解でも判決でも原則として金額は変わりません。

変わるのは、弁護士費用と遅延損害金（調整金）です。

交通訴訟では、裁判所が適正と考えた認定額の五%から一〇%を「弁護士費用」として、加算してくれます。このパーセンテージは、数千万円から一億円を超えるような認定額の場合には、低めに評価され、そうでない場合には高めに評価されます。また自賠責保険金を入手済かどうかも影響することがあります。この点は、常にこうだという決まりがあるわけではありません。私の長年の印象では、五〇〇〇万円を超える認定額の場合には、弁護士費用を五%の方向に抑えられる傾向があるように思います。

裁判所の認定した損害額が八〇〇〇万円だったとしましょう。そうしますと、四〇〇万円（〜八〇〇万円）程度の弁護士費用が判決ならつきます。

これが和解ですと、ゼロになります。この例で、判決での弁護士費用を含めた認定損害額が、八四〇〇万円だと仮定しましょう。これに年五%の遅延損害金がつきます。事故日から被告側の支払日まで二年が経過するとしますと、

五%×二年分＝一〇%

の遅延損害金がさらに加算されます。

八四〇〇万円×一〇%＝八四〇万円

八四〇〇万円＋八四〇万円＝九二四〇万円

これが判決にもとづき、被告側損保に請求できる金額となります。

和解ですと、この遅延損害金が原則としてつきません。「原則として」と書いたのは、東京地裁では、判決に至った場合に認められるであろう遅延損害金の約五〇%を、「調整

金」という名目で認めているからです。

前述の例でご説明しましょう。

和解では、弁護士費用はつきませんので、裁判所の認定額は八〇〇〇万円です。この認定額に、和解案提示時点までの遅延損害金の約五〇%を上乗せします。事故日から和解案提示時まで一年九か月が経過しているとしますと、「調整金」は概ね次のようになります。

八〇〇〇万円×五%×(一年+九か月/一二か月)×五〇%=三五〇万円

この「調整金」を和解での認定額に加算しますと、次のようになります。

八〇〇〇万円+三五〇万円=八三五〇万円

結局、判決なら九二四〇万円になるのに、和解では八三五〇万円にしかなりません。この差は八九〇万円です。

これは誰が考えても、判決の方が得だといえます。

和解するメリットは何か

それなら、和解するメリットはあるのかと思われるでしょう。こうして、金額だけを比較対照すれば、当然の疑問です。

前述の例は、分かりやすい一例としてご説明しました。事案によっては、被告損保側で逸失利益や慰謝料を徹底的に争ってくることがあります。一審の段階では、裁判官が異動で代わらない限り同じ裁判官が判断しますから、和解提示案での損害認定額と、判決でのそれが大きく異なるということは考えがたいところです。しかし、一審判決に対し被告側損保が控訴し、高等裁判所に審理が移りますと、分からなくなります。被害者側に好意的だった一審の判断がくつがえり、高裁で逆転することもないわけではありません。

その点、和解というのはお互いに控訴権を放棄し、紛争を終結させるということです。和解が成立すれば、審理が高裁にもち込まれるということはありえません。

金額の多寡よりも、一日も早い解決を望んでいる被害者の場合には、和解も十分に考慮すべき選択肢です。

注意すべき既払金の計算

和解でも判決でも、既払金をさしひくというプロセスがあります。たとえば、休業損害一〇〇〇万円のうち、相手損保ですでに七〇〇万円を払っていれば、それをさしひかなければなりません。

ここで注意すべきは、原告側が損害として計上しなかった（またはできなかった）損害は、既払金に組み入れてはいけないということです。

たとえば、原告が資料から把握できた治療費は、七〇万円なのに、被告側損保は四〇〇万円の治療費を払っているから、それをさしひけという主張が出ることがあります。治療費の支払いは、損保と病院が直接やりとりするため、治療費の裏付け資料が被害者の手に一部分しか渡されないことがあります。こういう場合には、被告側損保の言っている治療費の明細と、原告が把握しているそれをつき合わせる必要があります。どんな項目にせよ、損害として計上した金額について、その全部または一部を被告側損保で払ったというのなら分かりますが、損害として計上していない金額を、払ったといって引かせようとするのは、整合性がありません。

損保側が意識的にそういうことをするとまでは言いませんが、訴訟において、このようなすり替えの主張が、被告側損保からよく出ます。

少額ですと見逃しやすいですから、被害者もその代理人の弁護士も、照合が肝心です。

損保の都合で和解を先送りする場合の「調整金」

「調整金」の関係で、被害者(原告)としては留意すべき点があります。

「調整金」を含む和解案が裁判官から示された場合、原告と被告が検討のうえ、次回期日に和解斡旋案の諾否を回答するというのが慣行です。双方が承諾すれば、直ちに和解成立となります。

原告側は和解を受諾する旨、早い時点で回答したのに、被告側損保が、「まだ本店の部長決裁が下りない」とか、「人事異動があり、新任の部長が着任する四月まで待ってほしい」などということがあります。

この結果、解決は最低一か月は先送りされます。

このように被告側の一方的事情で回答を引き延ばされた場合には、「調整金」を加算してもらうのが合理的です。一九二ページで述べた損害認定額八〇〇〇万円の場合、一か月分の調整金は一六万六〇〇〇円になります。

日本興亜に改善命令

金融庁 支払い遅れ42件

金融庁は23日、日本興亜損害保険に対し、保険金を適切に早く支払う態勢ができていないとして、保険業法に基づき業務改善命令を出した。職員の怠慢で支払いが2年以上放置されていた事例もあり、「業務運営態勢がずさんで歴代の経営陣に責任がある」と指摘した。

日本興亜の職員らから「意図的に保険金の支払いを遅らせている」といった情報提供があり、金融庁が6月に実態報告を命じていた。1月時点で08年度中に保険金を支払えるはずだった自動車保険の大口支払い案件141件について調べ、不適切な対応で支払いが遅れたものが42件、総額7億1500万円あった。

職員が本来は必要ない審査をしたり、手続きを放置したりして、最長2年1カ月支払いが遅れた事例もあった。金融庁は「手続き遅延への認識が希薄だった」とし、迅速な支払い態勢の整備を命じた。一方で、情報提供があった「意図的な支払い遅延」はなかったとし、業務停止命令は見送った。

日本興亜では損保ジャパンとの経営統合を巡って、現経営陣と旧経営陣の一部が対立。金融庁は情報提供があった背景には、この対立構図もあったとみており、「態勢整備を怠ってきた点では現経営陣、旧経営陣の双方に問題がある」と指摘した。

記者会見する日本興亜損保の幹部ら＝23日午後6時2分、日本銀行本店

「意図的ではない」幹部強調

日本興亜の磯谷隆也執行役員らは23日に記者会見し、支払い遅延について「おわび」をする一方で、「意図的な先送りはなかった」との説明を繰り返した。

今回の問題の発端はOB株主の「告発」だった。今年5月、「収益力を高く見せるために経営陣の指示で支払いを遅らせた疑いがある」として、取締役の責任追及を監査役に請求。しかし、監査役はこれを退け、経営陣も6月の株主総会で「徹底した調査の結果、（先送りの）事実は認められなかった」と言い切っていた。

磯谷氏は23日の会見で、「株主の指摘は意図的な先送りがあるかどうかだった」と述べ、遅延の事実が明らかになった現時点からみても、株主総会での答弁に間違いはなかったとの見方を示した。

ただ、金融庁の調べでは、09年3月期の収益改善策を記した日本興亜の内部文書には「大口事案の精査」との記述もあったという。金融庁は23日の記者説明で「先延ばしによる保険金圧縮との疑いを持たれる表現」と指摘した。この点について、磯谷氏は会見で「大口が今後どう展開するのか、きちんと調べる意味だった」と釈明した。

日本興亜など損保大手は05、07年にも保険金不払いなどで処分を受けた。兵頭誠社長は08年度の日本損害保険協会会長を務め、再発防止に責任を負ってきた立場にある。

日本興亜は12月に開く臨時株主総会に、損保ジャパンとの経営統合を諮るが、松沢建前社長ら一部株主が反対を表明。兵頭社長の手腕に異議を唱えている筆頭株主の米ファンドも賛否を明らかにしていない。

● 2009年10月24日付朝日新聞

ある和解の席で、このことを私が東京地裁の裁判官に伝えましたら、直ちに賛同してくれました。

「そりゃそうですね。確かに被告側の都合で和解の成立を先送りするなら、『調整金』もその分、増額しなければならない」

これを聞いた被告代理人の弁護士は、損保に電話してくると言って、いったん退席しました。

戻ってきて、彼は言います。

「じゃあ、本日、和解成立でOKとのことです。原案通りの金額でお願いします」

少しでも支払金額がふえると思うと、損保はすぐに手のひらを返します。金に対する執着、いじましさを見る思いがします。

第6章 落とし所を知れ、あるいは弁護の品格

因果な商売

弁護士は因果な商売だと思います。無理だと思われる要求でも、被害者の代理人を務める限り、顰蹙《ひんしゅく》を買わない範囲で請求しなければなりません。損保側の代理人になれば、裁判では通らないと知りつつも、不払いの片棒をかつぐようなことをやらされます。

弁護士は、依頼人の利益（といっても、法的に許される正当な利益のことですが）を最優先にする職責を担《にな》っているため、どうしてもそうなります。

中国地方のある県の、整形外科医会に呼ばれて講演をしたことがあります。講演のあと、地元の料亭で宴席を設けてくれました。

少し酒肴《しゅこう》が進んだころ、私の真向いに座った重鎮の医学博士から、こう尋ねられました。

「弁護士の方々は、どうして悪いことをしでかした犯罪者を弁護なんかするんですか。うちの病院にも交通事故の患者が沢山みえますが、みんな損保には泣かされています、うちではいま、治療費打切りだなんて言われて、S損保やN損保とやりあってるんですが、そうしたら弁護士が出てきて、一切払わないって言うんですよ、いやぁひどい。先生には、こういうワルの弁護だけはしてもらいたくないですなぁ」

「私は、若いころには、国選弁護事件などで犯罪者の弁護をしましたが、最近ではしておりません」と前置きしたうえで

「でもワルにも弁護をうける権利があるんで、頼まれれば弁護士も仕方ないんですよ。先生のところにS損保やN損保の代理人を名乗って電話してきた弁護士も、内心では患者や先生に申しわけないな、と思っているかもしれませんよ」

「いやぁ、そんなふうじゃなかったなぁ。横柄な態度で、いままで払ってあげたんだから、それだけでもありがたく思えって言わんばかりでしたよ」

この先生の鬱憤《うっぷん》を聞いていた左右の整形外科医の方々も

「そうだ」

「全くだ」

とおっしゃいます。

やがて酒席のあちこちから、同調の声があがりました。

真向いの先生がみんなを制して口を開きました。

「弁護士によっては、一人で被害者の代理人をやったり加害者の代理人をやったりする人がいますが、ありゃどういう神経をしてるんですかね。モラルが欠如してるっつうか、私

にゃ信じられまへんな」

ほかの先生方の目が、私に注がれます。

「先生、俳優だって、あるときは刑事役を、あるときは殺人者役を演じますでしょ。それと同じです」

笑いながら私が言うと、博士は理解しかねるといった風情で首を傾げました。

「弁護士の活動は、ありゃ演技なんですか」

退くときは退く

損保側の弁護士は一般に損保からの依頼事件をメインとしています。被害者代理人を務める弁護士は、そちらを仕事の中核に据えます。

しかしなかには、双方からの仕事を同程度にうける人もいます。同一の事件で、加害者、被害者の双方から受任するのは、双方代理として禁止されていますが、別の事件で、あるときは加害者、あるときは被害者の代理人を務めるのは、別に問題はありません。

ある事件の和解成立の席で、裁判官の出席を待つまでの間、相手方（被告側損保）の年輩の弁護士が私に言いました。

「先生は、Fという弁護士をご存じですか」

「知っています」

「親しいですか」

「いいえ、全然」

「あの人は、全く品が悪い。大嫌いです」

彼は吐き捨てました。およそ推測はつきましたが、あえて尋ねました。

「どんなふうに品が悪いですか」

「損保側についたときは、徹底的に出し渋り、どうでもいいような細かな点までいちいち反論してきます。その反面、被害者側の代理人をしたときは、絶対に和解せず、ことごとく判決を求めます。われわれ弁護士は、主張すべきことは主張したとしても、落とし所をわきまえて、退《ひ》くときは退くじゃありませんか。あの男にはそれがないんです」

「たぶん、あの人の性格なんでしょうね」

彼は、私が同じ思いを抱いていたと知って、安心したようでした。

落とし所を知れ

前章で私は、徹底的に出させる訴訟戦略についてお話ししました。いくら徹底的に出させるといっても、ゴリ押しはできません。被害者に過失があったり、既往症があったりした場合には、それなりの譲歩は必要です。

被害者の中には、弁護士の説得にも一切耳を貸さず、強硬に自説を並べたて、和解折衝の席で裁判官にまで喰ってかかる人がいます。これは感心しません。

夜、歩車道の区別のない道を歩いていたとき、後ろからバイクにはねられ死亡した方がいます。この方は七〇歳を超えた高齢で、当時、酒が入っていました。歩行がふらつき、道路の端ではなく、車道にはみ出していた疑いが濃厚です。警察の実況見分調書の「現場見取図」から、そう読めます。どう考えても、被害者には一〇%以上の過失があるケースでした。被告共済側は三〇%の過失相殺を主張しています。

残された遺族である二人の息子さんのうち、ご長男は過失相殺されることをすぐ了解されましたが、ご次男は頑として譲りません。あくまでも〇%対一〇〇%を主張します。三回の和解を試みましたが、だめです。

四回目に裁判官が直接、本人に話しました。

私とご長男とで、いま和解しないと判決では、被害者の過失をもっと大きく認定されかねないことを説明します。その結果、「加害者が出頭し、自分たちの前で謝罪してくれるのなら、一〇％の過失を認めてもよい」というところまで、ようやく歩み寄ってくれました。被告側弁護士も折れ、次回に、加害者本人を東京地裁に呼んで謝罪させることに、尽力してくれました。

いくら加害者に対する恨みつらみがあったとしても、賠償金については、落とし所があることを知っていただきたいと思います。

類は友を呼ぶ

法律事務所のボス弁が陰険ですと、不思議なものでイソ弁（勤務弁護士）もそういう者が集まります。

話題にのぼったF弁護士のイソ弁と対決したことがあります。法廷で会っても会釈ひとつせず、ツンとすましていて実に感じが悪い。いくら敵味方に分かれて対決しているからといっても、挨拶ぐらい交わすものです。それに加えて、先方の出す反論の文書でも、微に入り細を穿って、どうでもいいことを突いてきます。性格の悪いボスだから、こういうイソ弁を選ぶのか。私はそう思いました。

損保側弁護士の報酬のからくり

審理が終結したとき、東京地裁六階の廊下をエレベーターまで歩きながら、被告側損保の代理人を務めていた若手の弁護士に、私は訊いたことがあります。彼は、職場である法律事務所でパートナーをしていました。

「先生のところは、主にS損保の仕事をしているんですか」

「ええ、S損保とA損保ですね。たまにT損保も」

「損保の報酬は安いでしょ？」

「安いなんてもんじゃないですよ。聞いたら驚きますよ。国選をやっていた方がましですから」

彼は洗いざらい、しゃべってくれました。

国選というのは、刑事事件で犯罪者を弁護するため、国が弁護人を選任する事件のことです。国から支給される弁護報酬はすこぶる安く、弁護士にとっては奉仕活動（ボランティア）になります。

損保は、多数の案件を特定の法律事務所に委任する代り、一件当たりの報酬単価を極端に低く抑えます。通常の弁護士報酬の三分の一から五分の一と思えばよいでしょう。薄利多売の方式で、損保は弁護士を酷使するわけです。

当然、法律事務所側は数をこなさないと採算が合いません。数をこなすためには、一人や二人では処理しきれず、どうしても多人数の弁護士を抱える必要が生じます。そこでボス弁は若手弁護士を沢山雇い入れ、彼らをこき使って仕事をさせることになります。

こうして損保は法律事務所を、そのボス弁はイソ弁を、酷使するという流れができ上がっています。酷使の度合が「蟹工船」の搾取になるかどうかは、ひとえにボス弁の器量にかかっています。

司法研修所を出てホームレス

搾取されたとしても、現在のイソ弁は、到底文句を言える立場にはありません。

新人弁護士の求職難をご存じでしょうか。

いま新人弁護士は厳冬（厳寒のシベリア）の時代を迎えています。

弁護士志望の司法修習生一二〇〇人に対し、求人を出している法律事務所は、一二〇件に届きません。求人倍率は〇・一倍以下です。

司法研修所の卒業試験に合格しても、イソ弁、ノキ弁（軒下を借りる弁護士の意味で、通常は法律事務所に机だけ置かせてもらい、仕事を分けてもらうのを期待する。しかし、そんな机を置くスペース自体、ない事務所が多く、この形態も実現はきびしい）として採用してくれるところがなければ、路上生活者ということになりかねません。

そんなばかな、と思うことなかれ。

いきなりホームレスにならなくても、どこかの企業にもぐり込めばいいじゃないか、とお思いになるでしょう。

現実は甘くはないのです。

弁護士などという小うるさそうな資格をもった人物は、企業側で歓迎しません。有資格者だからといって、給与を高くは設定しづらい。法律問題で困ったときは、顧問弁護士で足りてしまう。年間顧問料の方が、従業員一人ふやすより、はるかに安あがりだ。企業側はそう考えるのです。

法律事務所の門戸は狭く、民間企業は採用しない、裁判官や検察官への任官は本人が希望しないし、時期的にもう手遅れだとなりますと、行き所がありません。そうなると、即独（即独立のこと）といって、自宅を法律事務所として構えるか（といっても、誰もお客様は来ないでしょう）、さもなくばホームレスということになります。

これまで一年間の司法修習期間中、司法修習生には、国から給与が支給されてきましたが、二〇一〇年一一月末採用予定の修習生からは、給与は支給ではなく、希望者への貸与に変わります。貸与された給与は、後日、返還しなければなりません。果たして返せるのか。私は思わず、シベリアの収容所《ラーゲリ》（入ったことはありませんが）を思い浮かべてしまいます。

日弁連の集計によれば、二〇一〇年三月時点で、司法研修所を卒業し法曹資格をとりながら、任官せず、弁護士として法律事務所や企業に就職できず、結局、どこにも就職した気配のない人（進路不明者）が七七人いるということです。

これが現在の司法修習生をとりまく環境ですから、司法研修所の卒業試験までに就職先が決まっていない修習生は、精神的に不安定な状況におかれます。なかには、神経を病み、結局、落第する人もいると聞いています。

司法研修所を卒業するとホームレス、は決して非現実的な話ではありません。

運よく就職できたイソ弁にとっては、自分の船が、豪華クルーザーではなく「蟹工船」

であったとしても、夜露がしのげ、毎日の食事にありつけるだけまし、と考えなければならないでしょう。

新人弁護士の数の多さは、質の低下を招いています。

質の悪い若手弁護士が、陰険なボス弁のもとで、損保の言いなりに喧嘩腰で訴訟をしてくる。被害者は、そういう人物を相手にしなければならない時代になっています。

初回の提示五八〇万円、二回目ゼロ回答

後遺障害等級一〇級になった、松代さんという四九歳の男性被害者がいました。このケースで、T損保からの初回の提示額五八〇万円に対し、私が、二二五〇万円を請求したときのことです。この金額には、「弁護士費用」という名目で二〇〇万円が含まれていますから、これをさしひけば、正味損害額は一九五〇万円です。

二週間以内に回答をくれるよう文書で求めたところ、四か月も待たされた挙句、T損保から送られてきた再提示案は仰天するものでした。「今後のお支払い額は一七一〇円」だというのです。

それを見たとき私は、先方では「一七一〇万円」と記載すべきところを、うっかり「一

七一〇円」と入力ミスをしたのか、と思いました。しかし、よく読んでみますと、誤植ではなく本気だと分かります。

損保側の提示案は、回を重ねるごとに少しずつではあっても金額がふえていくのがふつうです。五八〇万円が一気にただ当然の一七一〇円に落ち込むなどというケースは、見たことがありません。

なぜこんなに急降下したのか。

私が文書を送ったのは、三月中旬の、先方にとっては人事異動の時期でした。初回に五八〇万円を提示した担当者が転勤し、四月から新任の担当者と課長がこの件を引き継ぎました。

松代さんはサラリーマンです。事故の直前に数回、転職していました。彼らは、記録を一から洗い直し、被害者の松代さんの逸失利益をゼロと算定したのです。

その理由はこういうことです。

事故前年度は彼に五〇〇万円の年収があったのに対し、事故が発生した年の年収は、五九〇万円になっている。事故が起きた年の方が年収がふえているのだから、逸失利益は発生しないと。

この理屈には、まやかしがあります。事故が起きたのは、その年の一〇月三一日夜、仕事を終えてからであり、一月から一〇月までの一〇か月間、彼は健康体で働いていたのです。一一月、一二月は入院中で、給与は支給されませんでした。ですから、事故発生年の年収が五九〇万円といっても、それは一〇か月分にすぎません。事故の翌年度は四二〇万円に減っています。

五九〇万円を一〇か月で割りますと、事故直近の給与は、五九万円です。

もし事故に遭遇していなかったなら、

五九万円×一二か月＝七〇八万円

の給与を、事故の翌年も受けとれていたはずです。これが四二〇万円になったということは、

七〇八万円－四二〇万円＝二八八万円

も減少したのです。

この現実を無視して、逸失利益がゼロとは何事か。

松代さんが歯ぎしりしたのはもちろんですが、私自身も担当課長の横っ面《つら》を殴りつけたいくらい、カッとなりました。

こういうとき、待ったなしで、私は怒りを行動に移します。抗議の電話を担当課長に入れるなどという手ぬるいことはしません。

その日のうちに、T損保の代表取締役社長、常務取締役兼業務品質改善部長あて、「自動車保険金不払いに対する是正勧告書」を作りました。カッとなりますと、炎にあおられるせいか、文章を書く勢いが猛烈に速くなります。溶岩のように火口から文章が噴き出してきます。手が追いつきません。あわせて金融庁の「金融サービス利用者相談室」に対しても、「T損保への是正勧告及び業務停止命令発動の要請書」を作成しました。

「わずか数か月前、不払いの累積について前社長が謝罪会見をしたばかりだというのに、全く反省の色がなく、またしても故意に保険金不払いを画策するようなT損保に対しては、貴庁（金融庁）から直ちに是正を勧告していただくとともに、同社

損保最大手も「厳罰」

10社に改善命令

金融庁が、損害保険会社10社に一部業務の停止命令を含む厳しい行政処分を出したのは、自助努力では、保険金不払いを生む「病巣」の摘出が進まないと判断したためだ。自動車保険などの不払いや、火災保険料の取りすぎなどについても金融庁は報告を求めており、損保業界の抱える不祥事は「底なし」状態。各社が掲げる改革も、このままではかけ声倒れとの批判を受けかねない。（西村宏治、若松潤、中川仁樹）＝1面参照

不払い、膨らむ一方

東京海上 日本興亜 両社長、進退問題も

記者会見で陳謝する東京海上日動火災の石原邦夫社長（中央）＝14日、東京・日本橋本石町で、恵原弘太郎撮影

「対策を急いだつもりだった」。14日の記者会見で東京海上日動火災保険の石原邦夫社長と日本興亜損害保険の松沢建社長は、こう弁明した。最大手の東京海上日動が業務停止命令を受けるのは初めてだ。

三井住友海上火災保険が、第3分野の不払いを指摘されて業務停止処分を受けたのは昨年6月。東京海上と日本興亜はそれから半年以上もかけ、支払い部門の一元化など再発防止策を打ち出してきたが、金融庁には不十分と判断された。

「やるべきことがあることは分かっていたが十分できなかった」（松沢社長）。口ぶりには、これまでの取り組みを「不合格」とされたことへ、無念さもにじんだ。

だが、金融庁が公表した不払いの実態は、契約者保護の意識の乏しさを浮き彫りにした。各社が第3分野の不払いを報告した昨年10月末時点に比べ、東京海上が805件から1190件と5割増え、日本興亜でも833件から2割増の968件、富士火災でも175件から8割増の288件と軒並み膨らんだ。

「契約者に、より有利なよう評価し直したため不払いが増えた」。東京海上はこう説明するが、金融庁の指摘を受けるごとに不払い件数が膨らむ失態が続いている。

損保業界は景気の波に左右されず、契約数が増える時代が長く続いた。国内市場の成熟に伴い、主力の自動車保険などは頭打ちだが、大胆なリストラなどを経験せず再編で乗り切ってきた。恵まれた時代に染みついた「経営の甘さ」が、対応が後手に回り続ける結果を生んでいるともいえる。

損保各社は3月末までに火災保険料の取りすぎ問題について、6月末までに自動車保険の不払いについて、順次、調査結果を金融庁に報告する。ここでも悪質な法令違反が見つかったり、十分な経営管理体制が構築できていないと判定されたりすれば、さらに重い追加処分の可能性がある。

石原社長も、4月に会長に就任する予定の松沢社長も社内処分は検討中としたうえで、「調査や不払いなどの再発防止が残っている」と即時の引責辞任を否定した。だが経営改革を加速することができず、さらなる処分を受ける事態になれば辞任は免れない。

損害保険会社不払い問題の経緯（✹は業務停止命令）

	第3分野	自動車など	火災
05年		9月 48社に報告命令 11月 26社に業務改善命令	
06年		5月 ✹損保ジャパン	
	6月 ✹三井住友海上		
	7月 報告命令 10月 報告(6社で約4千件、約12億円)	8月 再調査要請 11月 再々調査と調査完了時期の報告命令 12月 調査完了時期を報告	12月 保険料取り過ぎが発覚 販売体制の調査要請
07年	3月 ✹東京海上日動、日本興亜など	2〜6月 各社の調査終了	3月末 保険料の調査結果報告
		金融庁が行政処分を検討へ	

処分の透明性に課題

「保険業界に本気で改革に取り組ませるには業務停止命令が必要だ」と金融庁幹部は今回の処分を解説する。背景には、契約者保護の意識が浸透しない損保業界に対する根強い不信感がある。

05年9月に損保各社に報告を求めた自動車保険の不払いでは、11月に26社に業務改善命令を出した後、損保ジャパンと三井住友で追加の不払いが大量に発覚。さらに26社に追加分が相次いで見つかり、再調査、再々調査を繰り返し求める異例の事態になった。別の幹部は「意識の変革は進んでいない」と厳しい。

一方で、今回の処分は金融庁の処分基準の不明確さも浮き彫りにした。似た事例で三井住友には第3分野の保険商品の無期限販売停止（今年2月に解除）を命じたが、東京海上や日本興亜の販売停止は3カ月間だ。

金融庁は「三井住友の前例があり、今回は業務改善のための期間を計算しやすかった」と説明するが、先に検査を受けた会社が「ババを引いた」印象もぬぐえない。金融庁の業務停止命令は急増しているだけに、不公平感がないよう処分基準の透明性も求められる。

● 2007年3月15日付朝日新聞

に対し、六か月間の業務停止命令を発せられますよう要請します。」

金融庁の担当窓口には私自身で電話もかけ、実情を説明します。先方は上司に報告すると言います。

T損保と金融庁にはその日のうちに速達で送りました。T損保の役員あての書簡は「親展」にし、金融庁あての文書の写しも同封しました。

ちょうど保険金不払いが大々的に新聞で報じられ、T損保の社長は引責辞任をしたばかりでした。それなのに、代理人の弁護士に対し、数字のまやかしで保険金不払いを企てるとは何事か。ナメんじゃない！ こんな課長は子会社にとばし、冷や飯を食わせてやる。私の正義感が一気に火を噴きました。

K弁護士からの丁重な謝罪

その文書が先方に届いた日の翌日のことです。

K弁護士から電話が入りました。彼はT損保の案件を数多く扱っていましたので、私にはすぐピンときました。

「いやぁ、このたびの件では、加茂先生にとんだご迷惑をおかけしました。私もT損保が出した先生あての『回答書』を読んで、びっくりしました。五八〇万の提示だったものをなぜ急にゼロ同然にするのか。先生のお手紙は役員から担当の部長にわたりまして、部長があわてて私の事務所にすっとんできたという次第です。部長は、『回答書』のことを知らなかったようです。このご時勢、なんとか穏便におさめていただけないかと思いまして」

「一七一〇円の提示はどうするんですか」

「もちろん撤回します。こんなの、話になりませんよ。先生がお怒りになるのは当然のことです。もうこの際、金額は先生のご要求額を呑みますので、早急に示談させていただけませんでしょうか」

「それならK先生の顔をたてて、示談にしましょう」

それから数日後、こちらの要求通り一九五〇万円で示談書をとり交わしました。

部長が知らなかったといっても、この案件の対応については聞いていなかったというだけで、自動車査定部の社員全員にひごろから不払いを指令していたのは、ほかならぬ部長であることぐらい、私には分かっていました。

要求が通ったから言うわけではありませんが、何が是で何が非か、そのときの状況分析をして落とし所はどこか、T損保側にたつK弁護士は見抜いたのだと思います。相手方代理人であっても、こういうところに品格を感じます。

ちなみに、松代さんは、同じT損保に弁護士費用担保特約をつけていました。そのため、私にかかった実際の弁護士費用も、全額T損保が負担することになりました。

重傷事故では訴訟まで視野に入れる

重傷事故の被害に遭って、後遺障害が出そうなケースにおいては、将来の賠償交渉の流れを知っておく必要があります。

1 まず治療に専念する。

↓

2 症状固定になったら、自賠責保険に被害者請求し、後遺障害等級の認定を求める。

↓

3 等級認定が出たら、加害者側の任意保険会社と賠償交渉に進む。

4　交渉が決裂したら、訴訟などにもち込む。
↓

被害者は、この4までのプロセスを最初から頭に入れておく方が賢明です。納得のいく等級認定が下りなかったときは、「2」のあとに「異議申立て」の手続きが入ります。

そうして、どのような証拠が最終的に必要になるか、それに応じて証拠収集の準備をしておくのがよいでしょう。

弁護士のところに法律相談にみえる被害者の中には、証拠書類が何もとってなく、4の寸前で来る方もいれば、事故が起きた直後に来る方もいます。後者は、将来の賠償交渉に備えて、計画性をもった対処をしたいという考えにもとづいています。後者の方がよいのは、いうまでもありません。示談交渉や訴訟では、証拠がものをいうからです。

立証責任五分五分論

人身事故の被害者は、なぜこんなにも泣かされるのか。その根本的な理由は何か。

それは、立証責任が一〇〇%被害者側にあるからです。人身事故の被害者は、事故と傷害・後遺障害との因果関係、自分に発生した損害額を一〇〇%、証明しなければなりません。

損保は、被害者がさまざまな資料を提出しても、証明不十分として請求を否定します。

訴訟でも、同様のことが起きます。

車両保険については、一七四ページでご説明した通り、最高裁が立証責任の転換をはかりました。偽装事故だと言いたければ、被害者（契約者）の故意や重過失の存在を損保側で証明しなければ、損保は保険金の支払いを免れないとしたのです。

私は人身事故での自賠責保険や対人賠償責任保険においても、被害者側が五〇%の立証をしたなら、残り五〇%は損保側で反証をあげない限り、請求は認められるという方向に転換すべきではないかと思います。立証責任五分五分論と呼んでもよいかもしれません。

このように書きますと、それでは保険金の不正請求（モラル・ハザード）が起きやすいと損保側は反論されるでしょう。しかし現状では、被害者側に立証責任があることを奇貨として、不当不正な保険金不払いをつづけているのは、ほかならぬ損保（共済）です。いわく、「因果関係がはっきりしない」「損害額について、十分立証が尽くされていない」などなど。

立証責任が全面的に被害者側にあるために、裁判所も好むと好まざるとにかかわらず、被害者を冷遇する結果になっています。被害者の苦境に同情はするが、請求は認めがたい。そんな裁判官の心情が、時折、判決文から透けて見えます。

この不正義をただすには、立証責任を少なくとも五〇%は、加害者側に課す必要があります。

そうでもしない限り、被害者は今後も泣かされつづけると思います。


「弱者への愛には、いつも殺意がこめられている」

安部公房は小説『密会』の冒頭で、こう書いています。損保の被害者に対する接し方を目の当たりにしますと、悪意、害意、就労不能者への兵糧攻めによる殺意といったことを、感じないではいられません。

闘わずして勝つ

事故で右手の親指が曲がらなくなってしまった溝口さんという方がいました。自賠責の後遺障害等級は一〇級に認定されています。彼は自営で、資材を建築現場に運んで組み立てることを仕事にしていました。障害は彼の生活に深刻な影響をもたらします。

私は既払金を除く損害額を一六二〇万円と算定し、これに一〇%弱の一六〇万円を弁護士費用（これは訴訟を前提に、損害額に約一〇%の弁護士費用を加算するという交通訴訟の慣行に従ったものです）として上乗せして、合計一七八〇万円をM損保の担当者あてに請求しました。たぶんM損保側の回答は、五〇〇万円から七〇〇万円程度で、まったく話にならないだろうと踏んでいました。もしかすると、四〇〇万円にも満たないかもしれないとさえ思いました。といいますのは、これまでの年輩の担当者の態度は、「払わない」の一点張りだったからです。

私が損害明細書を送ってから一週間ほどして、担当者の上司だというJ氏が電話してきました。

「私は本件の担当の上席をしているものですが、一度先生にお目にかかりまして、お話を進めさせていただきたいと考えております」

秘書がうけた電話の様子では、担当者とはうって変わって、非常に丁重だったといいます。上司が出てくるというのは、何かあるのかな、と感じました。

五日後に、彼は一人で私の事務所に現われました。名刺を見ますと、「課長」という肩書がついています。

交渉はいつ決裂して、白紙に戻るか分かりません。白紙に戻ったとき、あとあと言質《げんち》をとられないように、慎重に話を進める必要があります。先行き不透明な段階でこちらから大幅な譲歩など、絶対にするべきではありません。

私は事前に溝口さんに電話で、現在、どこまでなら譲歩の気持ちがあるか、尋ねました。彼は最低一五〇〇万円、できれば一五五〇万円だと言います。

私はJ氏に伝えました。

「私の方でお送りした損害明細書の金額は、訴訟になった場合、すべて正当に認められる金額です。いま示談するというのであれば、弁護士費用分である一六〇万円だけ除いて、残りは全額お認めいただく、つまり一六二〇万円ということでしか、こちらとしては難しいですね」

「分かりました。早速持ち帰りまして、上席に報告します。じつは、うちの地区の統括責任者をしておりますす部長のEが、以前、先生にたいへんお世話になったそうでして……」

「Eさん？……ああ、そういえば、ずいぶん昔、Eさんからの依頼事件、なにかありましたねぇ」

言われて、次第に記憶が蘇ってきました。

「部長のEが、先生にご迷惑をおかけしないようにしろと申しておりますので、その案で決済が下りると思います」

彼は、減額交渉を何もせず、二〇分で帰っていきました。担当者ではなくJ氏が出てきたのには、統括責任者であるE氏の意向が働いていたのです。

それからまもなく、四日後には一六二〇万円で示談が成立しました。

驚いたことに、示談書に代る「免責証書」というものを先方に送ってから三日後には、早くも示談金が振り込まれました。

裁判所などで和解する場合、「支払期限は和解成立日から三〇日後にしてください」とよく言われます。J氏とE部長との間で、事前に根回しができていたからでしょうが、この早さにはびっくりしました。

その気になれば、三〇日もおかないで、三日で送金手続きはとれるのです。

これは、損保側が落とし所を理解してくれた数少ないケースです。私は顔を会わせなかったE部長に、内心、感謝しました。
五年に一度くらい、こんなことがあります。

エピローグ

日本史にのこる一代屁理屈といえば、方広寺鐘銘事件でしょう。

方広寺は、豊臣秀吉が子孫の繁栄を祈願して、京都・東山《ひがしやま》に建立した寺です。ところが地震や火事でたびたび倒壊、焼失の憂き目に遭いました。三度目の再建に着手した秀頼が、一六一一年に大仏殿を落成させます。

そこには、でき上がったばかりの梵鐘が吊されます。

豊臣家を滅ぼす口実をみつけたいと考えていた徳川方は、この鐘に刻まれていた多数の銘文の中で、次の八文字に着目しました。

國家安康
君臣豊楽

「この四文字（國家安康）には大御所さま（徳川家康）を呪い奉る文言が含まれております。家と康を二つに引き裂く。すなわち、大御所さまを真っ二つに引き裂くという呪いが込められているのでございます。さらに、こちらには『君臣豊楽』とございます。これは、大御所さまの首をとったのち、豊臣家を末永く楽しむとの意にちがいありません。天下の繁栄を祈願すると見せかけ、かような呪詛《じゅそ》を込めおくとは、不埒千万《ふらちせんばん》。秀頼公に謀叛《むほん》の意ありとされても、致し方ございますまい」

（原作火坂雅志『天地人』より。脚本小松江里子、NHK総合テレビ、二〇〇九年大河ドラマ『天地人』、「第45回・大坂の陣へ」から引用）

この言いがかりを考案したのは、家康の側近、金地院崇伝《こんちいんすうでん》といわれています。

もし彼が現代に蘇り、巨大損保に入社したなら、誰も考えだにしない屁理屈を創案して保険金の支払いを拒むという才能により、三段跳びで出世の階段を駆け上るでしょう。三〇代で執行役員、四〇代前半で社長の椅子に座るのは間違いなさそうに思います。

さらに幕府は、おかかえの儒学者林羅山《はやしらざん》にも、この解釈の正当性を学問的に裏付けさせました。といっても、出来レースであって、学者にそれらしく述べさせれば、それが学問的にも正当であるかのような装いを呈するという、ただそれだけのことです。この点は、現在の巨大損保が、自分のところで雇っている医師に、もっともらしい医学用語を並べさせて、損保に有利な意見書を仕立てさせるのに、よく似ています。

この鐘の銘文を口実に、徳川家は諸大名に号令して、豊臣家討伐に向けて走り出します。大坂冬の陣のはじまりです。

これまで、自動車保険金がいかに支払われないかを述べてきました。交通事故関係の実務書では、いままで書かれたことのない損保の内情と心理、法的戦略をお話ししてきました。保険というものは、事故が起きたとき、きちんと支払いがなされてはじめて用をなします。実際には、払われるかどうか分からないような保険に入っていて、「事故が起きたら保険金が出るから安心」だという仮想事実のために、保険料を払っていませんか。

それは無駄です。

改めて言いますが、自動車保険金は出ないのが普通です。損保からの賠償金の提示額は、作為的に安く構成されています。したがって、あなたが事故に遭いますと、泣き寝入りしない限り、まず九分九厘、相手損保とトラブルになると思ってください。

被害が大きければ大きいほど、あなたの要求額と損保からの提示額の開きは大きくなります。あなたの怒りの火の手は、一本の木から山全体に燃えひろがります。

そうなりますと、弁護士に委任したくなるのは必定です。特に損保側の弁護士が乗りだしてきたときは、当然、あなたも弁護士をつけなければ負けてしまうという思いにかられるでしょう。そこで、ご自身の任意保険には、弁護士費用担保特約がついているかどうか、ついているとして、いざというとき、本当に弁護士費用を払ってくれるのかどうか、それをチェックしておく必要があります。

保険契約者は、どうしても保険料の額に注目しがちです。少しでも安い保険料のところに入りたいというのは分かりますが、いくら安くても、出ない保険に入ったのでは意味がありません。

トラブルになったとき使いたくなる弁護士費用担保特約にしても、たとえばT損保はすんなり出すのに、M損保はなかなか出さないといった具合に、会社によって運用に差があります。これがひいては、ご自分のストレスを倍加させ、賠償金交渉に少なからず影響を及ぼすことを知っておいていただきたいと思います。

本書は新書のエンターテインメント化を志したものです。といっても、フィクションを書いたわけではありませんので、念のため。

新書が小説と違うのは、次の点にあります。

小説は、描写、会話、説明の三要素で成り立っていますが、新書には前二者がありません。説明、それも解説だけでできています。

このため、どうしても読者に「お勉強をする」という心構えを要求します。新書が中高年のインテリ層に好まれ、若い人は「お勉強」好きでない限り、なかなか手にとらないのはその辺りに理由があるからでしょう。

ノベルスのように、拙書を読んでもらえないか。本書で、会話や描写を多くとり入れたのは、そういう理由からです。

実際の交通訴訟で、損保がどのような戦術を使い、それに対し被害者はどう対抗していくか、この攻撃と防御の実態をさらにリアルにお知りになりたい方は、私のリーガル・サスペンス『審理炎上』（幻冬舎、二〇〇九年）をお読みいただきたいと思います。

損保は、被害者が善良でやさしい人であればあるほど、冷たくあしらおうとします。沈黙は損です。読者のみなさんが事故に遭われたとき、損保の不当に安い提示額に騙されることのないよう、私は願ってやみません。
弁護士として、被害者保護の見地から。

二〇一〇年七月

加茂隆康

著者略歴

加茂隆康《かもたかやす》

一九四九年静岡県生まれ。中央大学法学部卒。弁護士。作家。東京・銀座で加茂隆康法律事務所を経営。

交通事故の専門家として、テレビ、ラジオ、新聞等でも活躍。

二〇〇八年リーガル・サスペンス『死刑基準』（幻冬舎）で文壇にデビュー、マスコミで大きな反響を呼んだ。

法律関連の著書に『交通事故紛争』（文春新書）、『交通事故賠償』（中公新書）、『よい弁護士、わるい弁護士』（中公新書ラクレ）、『弁護士カモ君のちょっと休廷』（角川書店）など多数があるほか、

法廷ミステリーとして、巨大損保との攻防を描いた『審理炎上』（幻冬舎）がある。

幻冬舎新書 178

自動車保険金は出ないのがフツー

二〇一〇年七月三十日 第一刷発行
二〇一六年四月二十日 第三刷発行

著者 加茂隆康
発行人 見城徹
編集人 志儀保博
発行所 株式会社 幻冬舎
〒一五一-〇〇五一 東京都渋谷区千駄ヶ谷四-九-七
電話 〇三-五四一一-六二一一(編集)
〇三-五四一一-六二二二(営業)
振替 〇〇一二〇-八-七六七六四三
ブックデザイン 鈴木成一デザイン室
印刷・製本所 中央精版印刷株式会社

Printed in Japan ISBN978-4-344-98179-9 C0295
か-13-1

幻冬舎ホームページアドレス http://www.gentosha.co.jp/
*この本に関するご意見・ご感想をメールでお寄せいただく場合は、comment@gentosha.co.jp まで。

幻冬舎新書

若林亜紀
公務員の異常な世界
給料・手当・官舎・休暇

地方公務員の厚遇は異常だ。地方独自の特殊手当と福利厚生で地元住民との給与格差は開くばかり。みどりのおばさんに年収800万円支払う自治体もある。彼らの人件費で国が破綻する前に公務員を弾劾せよ！

武田邦彦
偽善エコロジー
「環境生活」が地球を破壊する

「エコバッグ推進はかえって石油のムダ使い」「割り箸は使ったほうが森に優しい」「家電リサイクルに潜む国家ぐるみの偽装とは」……身近なエコの過ちと、「環境」を印籠にした金儲けのカラクリが明らかに！

日垣隆
秘密とウソと報道

鑑定医が秘密をバラす相手を間違えた奈良少年調書漏洩事件、「空想虚言癖」の典型的パターンに引っかかった「週刊新潮」大誤報等。秘密とウソというユニークな視点から、「メディアの危機」に斬り込む挑発の書。

森功
血税空港
本日も遠く高く不便な空の便

頭打ちの国内線中心の羽田空港。米航空会社に占められ新規参入枠がない成田空港。全国津々浦々99の空港のほとんどが火の車で、毎年5000億円の税金が垂れ流し。そんな航空行政を緊急告発。

幻冬舎新書